Jenny Mosley und Helen Sonnet

101 Spiele zur Förderung von Sozialkompetenz und Lernverhalten in der Grundschule

Aus dem Englischen
von Barbara Soukup-Sterl

Dieser Band ist bereits unter dem Titel „101 Games For Social Skills" (ISBN 1855033704) im Verlag LDA 2003 erschienen,
© Jenny Mosley und Helen Sonnet.

Wir verwenden in unseren Werken eine genderneutrale Sprache, damit sich alle gleichermaßen angesprochen fühlen. Wenn keine neutrale Formulierung möglich ist, nennen wir die weibliche und die männliche Form. In Fällen, in denen wir aufgrund einer besseren Lesbarkeit nur ein Geschlecht nennen können, achten wir darauf, den unterschiedlichen Geschlechtsidentitäten gleichermaßen gerecht zu werden.

In diesem Werk sind nach dem MarkenG geschützte Marken und sonstige Kennzeichen für eine bessere Lesbarkeit nicht besonders kenntlich gemacht. Es kann also aus dem Fehlen eines entsprechenden Hinweises nicht geschlossen werden, dass es sich um einen freien Warennamen handelt.

10. Auflage 2024
© 2006 PERSEN Verlag, Hamburg

AAP Lehrerwelt GmbH
Veritaskai 3
21079 Hamburg
Telefon: +49 (0) 40325083-040
E-Mail: info@lehrerwelt.de
Geschäftsführung: Andrea Fischer, Sandra Saghbazarian, Robin Schlenkhoff
USt-ID: DE 173 77 61 42
Register: AG Hamburg HRB/126335
Alle Rechte vorbehalten.

Das Werk als Ganzes sowie in seinen Teilen unterliegt dem deutschen Urheberrecht. Die Erwerbenden einer Einzellizenz des Werkes sind berechtigt, das Werk als Ganzes oder in seinen Teilen für den eigenen Gebrauch und den Einsatz im eigenen Präsenz- wie auch dem Distanzunterricht zu nutzen. Produkte, die aufgrund ihres Bestimmungszweckes zur Vervielfältigung und Weitergabe zu Unterrichtszwecken gedacht sind (insbesondere Kopiervorlagen und Arbeitsblätter), dürfen zu Unterrichtszwecken vervielfältigt und weitergegeben werden.

Die Nutzung ist nur für den genannten Zweck gestattet, nicht jedoch für einen schulweiten Einsatz und Gebrauch, für die Weiterleitung an Dritte einschließlich weiterer Lehrkräfte, für die Veröffentlichung im Internet oder in (Schul-)Intranets oder einen weiteren kommerziellen Gebrauch. Mit dem Kauf einer Schullizenz ist die Schule berechtigt, die Inhalte durch alle Lehrkräfte des Kollegiums der erwerbenden Schule sowie durch die Schülerinnen und Schüler der Schule und deren Eltern zu nutzen.

Nicht erlaubt ist die Weiterleitung der Inhalte an Lehrkräfte, Schülerinnen und Schüler, Eltern, andere Personen, soziale Netzwerke, Downloaddienste oder Ähnliches außerhalb der eigenen Schule.
Eine über den genannten Zweck hinausgehende Nutzung bedarf in jedem Fall der vorherigen schriftlichen Zustimmung des Verlags.
Sind Internetadressen in diesem Werk angegeben, wurden diese vom Verlag sorgfältig geprüft. Da wir auf die externen Seiten weder inhaltliche noch gestalterische Einflussmöglichkeiten haben, können wir nicht garantieren, dass die Inhalte zu einem späteren Zeitpunkt noch dieselben sind wie zum Zeitpunkt der Drucklegung. Der PERSEN Verlag übernimmt deshalb keine Gewähr für die Aktualität und den Inhalt dieser Internetseiten oder solcher, die mit ihnen verlinkt sind, und schließt jegliche Haftung aus.

Die automatisierte Analyse des Werkes, um daraus Informationen insbesondere über Muster, Trends und Korrelationen gemäß § 44b UrhG („Text und Data Mining") zu gewinnen, ist untersagt.

Autorschaft:	Jenny Mosley, Helen Sonnet
Covergestaltung:	TSA&B Werbeagentur GmbH, Hamburg
Illustrationen:	Rebecca Barnes
Satz:	Fotosatz H. Buck, Kumhausen; Überarbeitung: media.design, Neumünster
Druck und Bindung:	Esser printSolutions GmbH, Bretten
ISBN:	978-3-8344-3665-8

www.persen.de

Inhalt

Einführung	7
Beobachten und Wahrnehmen	10
Was fehlt auf dem Tablett?	11
Kleiderwechsel	12
Personenbetrachtung	13
Signalreize	14
Geheimsprache	15
Hol dir den Fuchsschwanz!	16
Was will ich?	17
Wie fahrn wir um die Welt?	18
Wer hat den Ball?	20
Erfühlst du die Zeichnung?	21
Weitere Aktivitäten	22
Zuhören	24
Wer spricht zu mir?	25
Kettenreaktion	26
Aktionsgeschichte	27
Wer hat den Ball?	28
Wer geistert nachts herum?	29
Doppelt schwierig!	31
Zungenbrecher	32
Lautstärkenwechsel	33
Im Flüsterton	34
Bleib im Takt!	35
Weitere Aktivitäten	36
Sprechen	38
Wie meine Stimme klingt	39
Lieblingssachen	40
Wer kennt etwas …?	41

Die Post ist da!	42
Wer von euch kann …?	43
Begrüßungsritual	44
Gesprächszirkel	45
Besuch von Außerirdischen	46
Zwei Partner – ein Gedicht	47
Flaschenkreisel	48
Weitere Aktivitäten	49
Denken	**50**
Gegenstände suchen	51
Körpercollagen	52
Figurenraten	53
Frage-Antwort-Spiel	54
Was sich reimt, ist gut	55
Woran denke ich? (1)	56
Woran denke ich? (2)	57
Was fällt mir dazu ein?	59
Pause	60
Gegensätze ziehen sich an	61
Weitere Aktivitäten	62
Konzentration	**64**
Ich kann's genauso gut wie du!	65
Buchstabensalat	66
Die Jagd nach dem Ball	67
Wellensurfen	68
Lachen verboten!	69
Der Schatz des Kraken	70
Geschwindigkeit ist gefragt!	71
Gruppenfoto	72
Das Regenbogenspiel	73
Linksherum und rechtsherum	74
Weitere Aktivitäten	75

Über andere nachdenken	**77**
Ruppiger-Bär-Rap	78
Hilf mir, wenn du kannst!	80
Eins geht über Bord	82
Auswärts essen	83
Brummbär, lass uns rein!	85
Wer bin ich?	87
Kompromisse schließen	88
Klatschen und los!	89
Das Gute an dir	90
Spione und Jäger	91
Weitere Aktivitäten	93
Teamarbeit	**95**
Zwei Hände	96
Partner-Aufzug	97
Zu wem gehöre ich?	98
Künstler	99
Von wem rede ich?	100
Geschätzte Zeit	101
Pusteball	103
Aale gehen auf die Jagd	104
Sternenfänger	105
Innenarchitekten	106
Weitere Aktivitäten	107
Kommunikationsfertigkeiten	**109**
Lückenalphabet	110
Kaufladen-Spiel	111
Wie sag' ich's bloß?	112
Situationsspiel	113
Wo ist das Versteck?	114
Fang den Fuchs!	115
Was weiß ich über dieses Tier?	116
Die Arche Noah	117

Den richtigen Ton treffen	119
Kartentrio	120
Weitere Aktivitäten	121

Wir lernen fürs Leben — 123

Ferien	124
Kofferpacken	126
Das Zugspiel	127
Schnappschüsse aus dem Urlaub	129
„Anzieh-Meister"	130
Wartenlernen	131
In Position, bitte!	133
Ich bin so sauer!	134
Selbständig und erwachsen sein	135
Ich denke über mich selbst nach	136
Weitere Aktivitäten	137

Miteinander leben — 139

Gegenstände verzaubern	140
Das Hampelmann-Spiel	141
Ich bin so froh!	142
Jagd im Kreis	143
Menschen und Tiere	144
Unsere Klasse (Gruppe)	145
Das Würfelspiel	146
Wer ist am Ball?	147
Feste feiern	148
Feste in aller Welt	149
Wir feiern ein Fest!	150
Weitere Aktivitäten	151

Kopiervorlagen	152
Lied: Wie fahrn wir um die Welt?	167

Einführung

Jedes Kind beginnt vom Augenblick seiner Geburt an seinen sozialen Werdegang. Dabei lernt es, dass verschiedene Lebensumstände von klaren Verhaltensregeln und -normen beherrscht werden. Wir alle müssen uns als Heranwachsende darüber klar werden, was in den jeweiligen Lebenssituationen, in die wir geraten, von uns erwartet wird und was nicht. Kinder lernen schnell, dass ihre Zufriedenheit und Selbstachtung unlösbar mit ihrer Fähigkeit zu angemessener Interaktion und dem Anknüpfen positiver Beziehungen in allen möglichen anstrengenden und schwierigen Situationen verbunden sind. Sie erkennen auch, dass der „Sozialisierungsprozess" große Geschicklichkeit erfordert.

> Menschen, die ohne einen gemeinsamen Grundstock an Werten und Regeln leben, können nicht als ein Volk zusammenleben. Die Möglichkeiten und Bedingungen des Menschseins sind geprägt von gesellschaftlichen Realitäten. (Hugh Brody)

Die „Reise" durchs Leben ist nicht einfach. Kinder müssen lernen, dass sie als Teil einer Gemeinschaft teilen, zurückstecken und abwarten müssen, bis sie an der Reihe sind – dass sie also „kooperativ" sein müssen. Erwachsene, die mit Kindern zu tun haben, beeinflussen, wie diese der Gesellschaft gegenübertreten, formen bestimmte Aspekte ihres Charakters und bestimmen auch die Schnelligkeit, mit der sich ihre soziale Entwicklung vollzieht. Lehrkräfte und Schulen spielen eine wesentliche Rolle bei diesem Prozess, denn der häusliche Einfluss auf das Kind harmonisiert nicht immer mit den Werten, Interessen und Verhaltensnormen, denen das Kind außer Haus begegnet.

Wenn Kinder zuhause Verhaltens-, Denk- und Kommunikationsweisen gelernt haben, die sich von denen ihrer weiteren Umgebung unterscheiden oder denen sie entgegengesetzt sind, geraten sie möglicherweise in Verwirrung und haben Schwierigkeiten sich anzupassen. Unter Umständen merken sie, dass Verhaltensweisen, die bei ihnen zuhause toleriert werden, in anderen Situationen auf Widerstände stoßen. Der

Beistand, den eine Schule dabei leisten kann, ist vielleicht entscheidend für das Gelingen oder Misslingen des Reifungsprozesses vom Kind zum Erwachsenen, der seinen Platz im Leben selbstbewusst einnimmt, weil er weiß, dass er zur Arbeit, zur Kommunikation und zum erfolgreichen Aufbau von Beziehungen fähig ist.

Kompetenzen für den zwischenmenschlichen Umgang lernen Kinder durch Beobachtung und Nachahmung anderer. Einer der vielen Vorteile unseres Spielkreismodells für Lehrer ist die Gelegenheit, mit den vergnüglichen und kindgemäßen Mitteln von Spiel und spielerischer Aktivität positives Verhalten modellhaft vorzuführen. Die in diesem Buch vorgestellten Spiele ermöglichen es den Kindern, soziale Fertigkeiten in einer entspannten Atmosphäre der Unterstützung und konstruktiven Rückmeldung einzuüben.

In Rollenspielen können Kinder beispielhaft Erfahrungen mit Umständen und Situationen machen, die ihnen noch nicht begegnet sind. Kinder beobachten und lernen von anderen Kindern und Erwachsenen, wenn diese das angemessene Verhalten in einer bestimmten Situation vorführen. Spiele gelten nicht als Arbeit, daher werden auch weniger erfolgreiche Kinder keine defensive Einstellung zu ihnen haben. Spiele regen die Fantasie an und sie sind unterhaltend, sprechen alle Sinne an und aktivieren. Am wichtigsten aber ist, dass Kinder anscheinend ein angeborenes Interesse daran haben, zu spielen. Die Spiele in diesem Buch fördern an sich die Geselligkeit und sind daher ein ideales Mittel, Kinder die Fertigkeiten zu lehren, mit deren Hilfe sie sozial bewusst und selbstsicher werden. Gleichzeitig werden die Spiele dazu beitragen, dass Kinder soziale Probleme aufrollen und lösen und gelernte unsoziale Verhaltensmuster ändern können.

101 Spiele zum Aufbau von Sozialkompetenz und Lernverhalten ist in zwei Teile gegliedert. Der erste Teil enthält Spiele, die folgende Grundfertigkeiten für die Entwicklung sozialer Verhaltensweisen vermitteln: Beobachten und Wahrnehmen, Zuhören, Sprechen, Denken und Konzentration. Die Spiele bieten dem Einzelnen die Möglichkeit, über diese Grundfertigkeiten nachzudenken und sie in einer Gruppensituation zu praktizieren.

Der zweite Teil des Buchs festigt diese fünf Grundfertigkeiten und bietet Kindern die Gelegenheit, sie in passenden sozialen Kontexten anzuwenden. Jedes Spiel hat ein bestimmtes Lernziel und ist dafür gedacht, Fertigkeiten im zwischenmenschlichen Umgang zu stärken, soziale Wahrnehmungen zu thematisieren oder eine bestimmte soziale Fertigkeit zu praktizieren.

Die Spiele können in Spielkreiskonzepte integriert, in Schulen zur Realisierung von Lehrplanzielen eingesetzt oder an die besonderen Bedürfnisse in der Klasse angepasst werden.

Wir hoffen, dass Sie als Wegbegleiter des sozialen Werdegangs von Kindern diese Spiele effektiv und unterhaltsam finden werden. Viel Spaß damit!

Beobachten und Wahrnehmen

Die Spiele in diesem Kapitel befassen sich mit den zusammengehörigen Aktivitäten des Wahrnehmens und Beobachtens. Die Kinder werden dazu angeregt, den Unterschied zwischen diesen beiden Aktivitäten zu erkennen und zu erfahren, wie wichtig das Beobachten und Wahrnehmen für das Lernen ist.

Was fehlt auf dem Tablett?

Dieses Spiel fördert die Konzentration der Kinder, wenn sie die Grundfertigkeiten „Beobachten" und „Wahrnehmen" einstudieren.

Spielmaterial

Ein Tablett, eine Stoffserviette und eine Auswahl kleiner Gegenstände; etwa einen Bleistift, einen Spitzer, eine Schere, einen Briefumschlag, eine Sicherheitsnadel, einen Radiergummi, ein Stück Kreide.

Spielverlauf

Legen Sie die Gegenstände auf das Tablett. Die Anzahl der Gegenstände sollte sich nach Alter und Fähigkeiten der Mitspieler richten. Bei jüngeren Kindern können es vier Dinge sein, bei älteren zwischen acht und zwölf. Geben Sie den Kindern eine Minute Zeit, sich die Gegenstände zu merken, decken Sie dann das Tablett ab und entfernen Sie einen Gegenstand, ohne dass die Mitspieler sehen, welchen. Ziehen Sie nun die Serviette weg und lassen Sie einen Freiwilligen raten, was Sie weggenommen haben. Wer den fehlenden Gegenstand errät, darf in der nächsten Spielrunde etwas wegnehmen.

Bemerkungen

Sie werden schnell ein Gefühl dafür bekommen, ob die Kinder das Spiel leicht oder schwer finden, und können die Anzahl der Gegenstände entsprechend erhöhen oder verringern. Tauschen Sie die Gegenstände regelmäßig aus, so dass den Kindern die verwendeten Dinge nicht zu vertraut werden.

Kleiderwechsel

Auch in diesem einfachen Spiel wird genaues Hinsehen verlangt.

Spielmaterial

Eine Tüte mit Gewändern zum Verkleiden.

Spielverlauf

Ein Mitspieler, der sich freiwillig dafür meldet, zieht einige der Gewänder an und stellt sich in die Mitte des Kreises. Die anderen Spieler sollen sich sehr genau ansehen, was das Kind in der Mitte anhat. Dann drehen sich alle um und schließen die Augen, während der verkleidete Spieler eins der Kleidungsstücke ablegt. Falls eine weitere erwachsene Person als Aufsicht dabei ist, kann das Ablegen der Kleidung auch vor der Tür geschehen. Wenn der verkleidete Spieler in den Kreis zurückgekehrt ist oder die anderen Spieler sich wieder umgedreht und die Augen geöffnet haben, soll geraten werden, welches Kleidungsstück abgelegt wurde.

Bemerkungen

Bei älteren Kindern dürfen die Veränderungen auch recht geringfügig sein. Statt eins der Kleidungsstücke abzulegen, kann der Spieler es auch anders tragen. Z. B.: Einen Schal lose statt zu einem Knoten geschlungen tragen oder einen Schal gegen einen anderen – ähnlichen – austauschen. In dieses Spiel können die Kinder ihre eigenen Ideen für Veränderungen einbringen, um es etwas komplizierter zu machen.

Personenbetrachtung

In diesem Spiel greifen Kinder auf ihr Wissen und ihre Lebenserfahrung zurück, wenn sie Schlüsse aus visuellen Hinweisen ziehen.

Spielmaterial

Ausgeschnittene Bilder aus Illustrierten; nicht zu klein, von verschiedenen Menschen. Darunter könnten z. B. ein Clown, ein Kleinkind, eine ältere Person, eine Ballerina, ein Soldat, ein Jongleur oder ein Taucher mit Schwimmflossen sein. Kleben Sie die Bilder auf Kartonpapier und schneiden Sie sie dann noch einmal aus.

Spielverlauf

Fordern Sie die Kinder auf, die von Ihnen vorgeführte Bildserie sorgfältig zu betrachten. Wenn Sie ein Bild aus der Hand legen, sollen sich die Spieler so fortbewegen, wie es zu der zuletzt gezeigten Person passt. Lassen Sie die Kinder jeweils danach berichten, welche Gedanken sie sich zu der Person auf dem Bild gemacht haben und wie dadurch ihre Fortbewegungsweise beeinflusst wurde. Nachdem die verschiedenen Betrachtungsweisen der Mitspieler angesprochen wurden, können die Kinder einen zweiten Versuch unternehmen.

Bemerkungen

Älteren Kindern können Sie zwei oder mehr Bilder gleichzeitig zeigen und damit zu weitergehenden Aktivitäten anregen. Sie könnten beispielsweise ein Gespräch oder eine kurze Szene zwischen zwei oder mehreren Personen spielen. Dabei sollen sich die Spieler überlegen, wie die an der Szene beteiligten Personen wohl reagieren würden. Besprechen Sie mit den Kindern, wie Menschen anhand von visuellen Details Hinweise über eine Person oder Situation aufnehmen.

Signalreize

Das ist ein lebhaftes Spiel, in dem die Kinder gut hinsehen und sich konzentrieren müssen, um den visuellen Anweisungen, die sie bekommen, zu folgen.

Spielmaterial

Vergrößerte Fotokopien der Signalkarten (s. S. 153).

Spielverlauf

Zeigen Sie den Kindern die Signalkarten und erklären Sie ihnen, welche Handlungen sie darstellen. Gehen Sie die Karten der Reihe nach durch und üben Sie mit den Kindern ein, wie sie die abgebildeten Aktionen nachahmen können. Erklären Sie nun, dass Sie während des Spiels immer eine Karte hochhalten werden und dass alle Mitspieler die darauf gezeigte Handlung nachmachen sollen und zwar so lange, bis Sie eine neue Karte hochhalten. Dann soll die neue Signalkarte nachgeahmt werden. Ermuntern Sie die Kinder zur Wachsamkeit, indem Sie sie darauf aufmerksam machen, dass Sie jederzeit eine neue Karte aufdecken könnten.

Bemerkungen

Wenn sich die Schüler gut auf die Signalwechsel eingestellt haben, können Sie das Tempo für den Kartenwechsel variieren. Sie können auch eine weitere Spielregel einführen: Z. B. scheidet der Mitspieler, der als Letzter das Signal gewechselt hat, aus. Ältere Kinder entwerfen unter Umständen gerne eigene Signalkarten.

Geheimsprache

Das ist ein unterhaltsames Spiel, in dem die Kinder zugleich genau hinschauen und sich konzentrieren müssen.

Spielmaterial

Kein Material notwendig.

Spielverlauf

Vereinbaren Sie mit den Kindern bestimmte Aktionen, die Signalen des Spielleiters folgen sollen, z. B.:

> Wenn der Spielleiter seinen Ellenbogen berührt, hüpfen alle Mitspieler auf der Stelle.
> Wenn der Spielleiter sein Ohr berührt, machen alle Mitspieler Froschsprünge.
> Wenn der Spielleiter seine Nase rümpft, setzen sich alle Mitspieler auf den Boden.
> Wenn der Spielleiter die Arme hebt, hopsen alle Mitspieler rückwärts.
> Wenn der Spielleiter die Arme verschränkt, strecken sich alle Mitspieler auf dem Boden aus.

Ziel des Spiels ist es, dass alle Spieler auf die gegebenen Signale richtig reagieren. Gleichzeitig müssen sie den Spielleiter immer im Auge behalten, um einen Wechsel der Aktion rechtzeitig zu bemerken.

Bemerkungen

Es wird den Kindern Spaß machen, selbst als Spielleiter Signale geben zu dürfen, sobald sie mit dem Spiel vertraut sind. Sie können sich von ihnen auch Vorschläge für weitere Kodes machen lassen.

Hol dir den Fuchsschwanz!

Das ist ein schnelles und aktives Spiel, bei dem Wachsamkeit und Beobachtungsgabe im Vordergrund stehen.

Spielmaterial

Farbige Bänder aus beliebigem Material. Zum Spielen wird ein großer Raum benötigt.

Spielverlauf

Die Kinder stecken die farbigen Bänder hinten in den Rock- oder Hosenbund und lassen so viel herunterhängen, dass es etwa der Länge eines Fuchsschwanzes entspricht. Auf „Los!" rennen die Kinder los und versuchen gleichzeitig, die Bänder der Mitspieler zu fangen und die eigenen zu behalten. Ein Kind, das kein eigenes Band mehr hat, setzt sich bis zum Ende der Spielrunde an den Rand der Spielfläche, wobei es die Bänder anderer Spieler, die es vorher erwischt hat, behalten darf. Bei diesem Spiel dürfen nur die Bänder der Mitspieler angefasst werden; kein anderer Körperkontakt ist erlaubt. Lassen Sie die Kinder einige Minuten spielen, bevor Sie sie zusammenrufen, um zu sehen, wer die meisten Bänder sammeln konnte und wer es geschafft hat, das eigene zu behalten. Für eine weitere Spielrunde werden die Bänder wieder neu verteilt.

Bemerkungen

Wenn die Kinder gut eingespielt sind, werden Sie darauf achten müssen, dass sie die Bänder auch wirklich lang genug herunterhängen lassen, denn sie haben dann gelernt, dass ein Band umso schwerer zu erwischen ist, je kürzer es ist.

Was will ich?

Bei diesem Spiel müssen sich die Kinder überlegen, wie sie durch ihre Mimik und Gestik klare und eindeutige Hinweise geben, damit ihre Mitspieler eine gute Chance haben, die dargestellte Tätigkeit zu erraten.

Spielmaterial

Kärtchen mit Beschreibungen von Tätigkeiten, die pantomimisch dargestellt werden sollen (s. S. 154).

Spielverlauf

Ein Spieler führt eine der beschriebenen Tätigkeiten vor; die Mitspieler machen der Reihe nach Rateversuche, worum es sich handelt. Wer richtig geraten hat, darf die nächste Tätigkeit pantomimisch darstellen, wenn er das möchte.

Sie können aus der Gruppe auch zwei Mannschaften bilden; jede Mannschaft erhält eine Hälfte der Kärtchen. Jeder Spieler führt eine der Handlungen vor, dabei wird der Reihe nach gespielt. Die andere Mannschaft muss raten und erhält für jede richtige Antwort einen Punkt.

Bemerkungen

Die Kinder können sich auch eigene Vorschläge für Tätigkeiten überlegen. Dazu teilen Sie die Klasse in 5 oder 6 Gruppen ein; jede Gruppe erarbeitet einen eigenen Vorschlag. Sie können dazu ein Thema vorgeben, z. B. „Beim Kindergeburtstag" oder „Besuch im Zirkus".

Wie fahrn wir um die Welt?

Dieses aktionsreiche Spiel fördert die genaue Beobachtung.

Spielmaterial

Kein Material notwendig, aber viel Platz zum Spielen.

Spielverlauf

Üben Sie mit den Kindern das folgende Lied ein (Das Lied wird nach der etwas abgewandelten Melodie von „Jetzt fahrn wir übern See" gesungen. Auf S. 167 finden Sie die Übertragung):

Wie fahrn wir um die Welt?
Mit dem Flugzeug, mit dem Auto,
mit dem Zug und mit dem Boot;
mit Flugzeug, Auto, Zug und Boot.

Als Nächstes lernen die Kinder, welche Bewegungen das Lied begleiten:

Welt: Alle drehen sich einmal ganz herum.
Flugzeug: Alle breiten die Arme wie Flügel aus.
Auto: Alle machen Bewegungen, wie wenn sie ein Lenkrad in den Händen hätten.
Zug: Alle lassen ihre Arme seitlich kreisen, um das Fortbewegen des Zuges nachzuahmen.
Boot: Alle machen Ruderbewegungen.

Wenn Sie das Lied mit den Kindern mehrmals durchgespielt haben, so dass es ziemlich sicher „sitzt", können Sie das Tempo beschleunigen. Steigern Sie die Geschwindigkeit so lange, bis die meisten Spieler nicht mehr mitkommen.

Eine Variante des Spiels ist, bei jedem Durchgang ein anderes Verkehrsmittel wegzulassen, wobei aber die dazugehörige Aktion von den Spielern trotzdem ausgeführt werden muss.

Bemerkungen

Lassen Sie die Kinder ein anderes Lied aussuchen, z. B. einen Kinderreim oder einen Popsong, und eigene Bewegungen dazu erfinden.

Wer hat den Ball?

Dieses Spiel fördert zum einen genaues Hinsehen und zum anderen schauspielerische Fähigkeiten.

Spielmaterial

Ein kleiner Gegenstand, beispielsweise ein Ball.

Spielverlauf

Die Kinder stehen im Kreis und schauen nach innen. Ein Spieler wird ausgewählt und stellt sich in die Mitte. Die anderen geben den Ball (oder einen anderen kleinen Gegenstand) hinter ihrem Rücken weiter, während das Kind in der Mitte raten soll, wo sich der Ball gerade befindet. Wenn sich der Ratende sicher ist, ruft er: „Stopp!" – Daraufhin muss der Ball bleiben, wo er gerade ist, und der Spieler in der Mitte hat zwei Rateversuche. Rät er richtig, so tauschen er und der Spieler, bei dem sich der Ball befindet, Plätze. Rät er falsch, dann geht das Spiel weiter. Der Ratende wird spätestens nach drei Spielrunden abgelöst.

Um die Aufgabe etwas schwieriger zu machen, können Sie die Spielregel einführen, dass der Spieler in der Mitte die Augen schließen muss, während der Ball im Kreis herumwandert, und rückwärts von 5 bis 0 zählt. Bei 0 öffnet er die Augen und das Spiel läuft weiter wie beschrieben. Zusätzlich könnten einige Mitspieler so tun, als ob sie den Ball hinter ihrem Rücken weitergeben, um das Kind in der Mitte irrezuführen.

Bemerkungen

Durch zwei Objekte, die in Gegenrichtung herumgereicht werden, lässt sich der Schwierigkeitsgrad des Spiels nochmals steigern. Nachdem der Ratende „Stopp!" gerufen hat, muss er erraten, wo sich beide Gegenstände befinden.

Erfühlst du die Zeichnung?

In diesem Mannschaftsspiel müssen die Kinder nicht nur ihre visuelle, sondern auch ihre taktische Wahrnehmung einsetzen.

Spielmaterial

Papier, zwei Stifte und die Formenkarten (s. S. 155).

Spielverlauf

Teilen Sie die Gruppe in zwei Mannschaften ein. Die Spieler jeder Mannschaft stellen sich hintereinander in einer Reihe auf. Jeweils der vorderste Spieler jeder Mannschaft bekommt Papier und einen Stift, jeweils der hinterste erhält eine Formenkarte und soll nun die abgebildete Form seinem Vordermann mit dem Finger auf den Rücken zeichnen. Der Spieler vor ihm konzentriert sich und versucht zu fühlen, was ihm auf den Rücken gezeichnet wird. Ohne seine Vermutung mit der Formenkarte zu überprüfen, soll er nun diese Form seinem Vordermann auf den Rücken zeichnen und so weiter, bis der vorderste Spieler die Form, die er auf dem Rücken gespürt hat, auf sein Papier zeichnet. Die Mannschaft, deren Form dem Original am ähnlichsten sieht, bekommt einen Punkt gutgeschrieben. Nach jeder Runde wandert der vorderste Spieler an den letzten Platz in der Reihe und erhält eine neue Formenkarte.

Bemerkungen

Empfehlen Sie den Kindern, die Formen langsam und sorgfältig auf den Rücken ihres Vordermanns zu zeichnen. Fangen Sie mit einfacheren Formen an und steigern Sie den Schwierigkeitsgrad, wenn die Kinder erfahrener sind.

Weitere Aktivitäten

Filmbeobachter

Bilden Sie Partnergruppen und lassen Sie die Gruppen an mehreren Tagen hintereinander immer dieselbe kurze Szene (ca.1 Minute) eines Videofilms ansehen. Jedes Mal notieren sich die Partner, was sie gesehen haben. Zum Schluss lassen Sie die Notizen vergleichen und spielen danach die Szene ein letztes Mal ab. Die Gruppen können sich auch gegenseitig Fragen zu der Filmsequenz stellen.

Bildbeobachter

Für dieses Spiel werden Personenfotos aus Zeitschriften benötigt – es muss sich nicht unbedingt um Personen handeln, die den Kindern bekannt sind. Bilden Sie Partnergruppen. Jedes Kind bekommt ein Foto in die Hand, das es eine Minute lang genau betrachten soll. Dann tauschen jeweils die Partner ihre Fotos und sie stellen sich gegenseitig Fragen zum Aussehen der Personen, die sie sich vorher angesehen haben. Für jede richtige Antwort gibt es einen Punkt.

Was hat sich verändert?

Zeichnen Sie ein Bild auf eine weiße Tafel oder auf großes Kartonpapier. Während die Kinder den Raum verlassen, verändern Sie etwas an Ihrem Bild oder fügen etwas hinzu. Beobachten Sie, wie viele der Kinder die Veränderungen bemerken.

Wo sind die Unterschiede?

Kopieren Sie genügend Bilder der Rubrik „Findest du die Unterschiede?" aus Zeitschriften für jedes Kind oder fertigen Sie selbst solche Zeichnungen an. Führen Sie das Spiel als Wettkampf auf Zeit durch.

Handlungsbeobachter

Üben Sie mit den Kindern eine Reihe verschiedener Bewegungen ein. Verändern Sie dann beim gemeinsamen Ausführen dieses Bewegungsablaufs jeweils eine Bewegung und beobachten Sie, wer den Unterschied bemerkt.

Zuhören

Die Spiele in diesem Kapitel haben zum Ziel, die Kinder zum aufmerksamen Zuhören zu animieren, damit sie erfolgreich an den spielerischen Aktivitäten teilnehmen können. Auch werden sie dazu angehalten, sich auf eine Lautquelle zu konzentrieren und Nebengeräusche auszublenden.

Wer spricht zu mir?

Kinder haben Ratespiele immer gern. Dieses hier macht besonders viel Spaß, wenn die Identität der Mitspieler nicht erraten wird.

Spielmaterial

Eine Augenbinde.

Spielverlauf

Ein ausgewählter Spieler ist der „Herrscher"; er kommt in die Mitte des Kreises und seine Augen werden verbunden. Auf das Kommando: „Los!" fangen alle anderen Mitspieler an, im Kreis herumzugehen. Zu einem selbst gewählten Zeitpunkt deutet der Herrscher mit dem Finger geradeaus und fragt: „Wer geht hier? Freund oder Feind?" Das Kind, auf das er mit dem Finger zeigt, antwortet: „Natürlich ein Freund, Euer Majestät." Der Herrscher soll den Sprecher nun an seiner Stimme erkennen. Gelingt es, tauschen beide ihre Plätze; rät er falsch, bleibt er an seinem Platz und das Spiel geht weiter. Nach spätestens drei erfolglosen Rateversuchen wird der Herrscher abgelöst.

Bemerkungen

Es ist wahrscheinlich am besten, wenn Sie mit den Kindern vor dem Spiel Frage und Antwort einüben. Die Antworten sollen mit unverstellter Stimme gegeben werden. Wenn allerdings die Sprecher zu oft hintereinander erraten werden, können die Spieler vereinbaren, dass mit verstellter Stimme geantwortet werden darf, was das Spiel noch lustiger macht.

Kettenreaktion

Bei diesem Spiel müssen die Kinder aufmerksam und reaktionsbereit bleiben. Es macht besonders viel Spaß, wenn es in rasantem Tempo gespielt wird.

Spielmaterial

Kein Material notwendig.

Spielverlauf

Die Kinder stehen im Kreis. Am Ende des Spiels sollen alle sitzen. Ein Kind (A) beginnt das Spiel, indem es den Namen eines anderen Kindes (B) im Kreis ruft. Danach setzt sich A nieder. B ruft den Namen eines dritten Kindes (C) und setzt sich danach nieder. C ruft den Namen eines vierten Kindes (D) und so weiter. Wenn einer der Mitspieler, dessen Name aufgerufen wird, zögert oder nicht reagiert, müssen alle aufstehen und das Spiel beginnt von vorn, allerdings mit veränderter Reihenfolge.

Bemerkungen

Das Spannendste an diesem Spiel ist die Frage, wie schnell es zu Ende gebracht werden kann. Sie können die Zeit für eine Runde messen und den Klassenrekord notieren, der dann als Maßstab für spätere Spiele dienen kann.

Aktionsgeschichte

In diesem Spiel müssen die Kinder genau auf die Reizwörter in der Geschichte achten und entsprechend reagieren.

Spielmaterial

Eine Reizwort-Geschichte (s. S. 156).

Spielverlauf

Die Kinder sitzen im Stuhlkreis. Erklären Sie, dass Sie eine Geschichte vorlesen werden, die bestimmte Reizwörter enthält. Jedes Mal, wenn die Spieler eins dieser Wörter hören, müssen sie eine bestimmte Handlung ausführen. Üben Sie die den Wörtern zugeordneten Aktionen vorher ein. Geben Sie noch vor dem Spiel bekannt, dass derjenige, der falsch oder zu langsam reagiert, ausscheidet. Lesen Sie dann die Geschichte vor und entscheiden Sie nach jedem Reizwort, wer ausscheiden muss. Nach dem Spiel werden alle, die bis zum Schluss durchgehalten haben, für ihre Aufmerksamkeit gelobt.

Bemerkungen

Wenn Sie dem Spiel den Wettbewerbscharakter nehmen wollen, dann lesen Sie sie ohne Unterbrechung vor und lassen alle bis zum Ende mitspielen. Danach können Sie die Kinder, deren schnelle und richtige Reaktion Ihnen aufgefallen ist, bestärken.

Wer hat den Ball?

Dieses Spiel bringt die Kinder dazu, sich auf eine bestimmte Lautquelle zu konzentrieren und gleichzeitig andere, unwichtige Geräusche zu überhören.

Spielmaterial

Ein kleiner Ball und eine Augenbinde.

Spielverlauf

Die Spieler stehen im Kreis mit dem Blick zur Mitte. Dort steht ein Kind, dem die Augen verbunden sind. Der Ball wird im Kreis herumgereicht, bis der Spieler in der Mitte „Stopp!" ruft und fragt: „Wer hat den Ball?" Das Kind mit dem Ball antwortet: „Ich habe den Ball." Zur gleichen Zeit sagen alle anderen Mitspieler: „Ich heiße ..." Der Spieler mit verbundenen Augen muss genau hinhören und in die richtige Richtung deuten. Wenn er auf das richtige Kind zeigt, tauschen beide die Plätze. Wenn nicht, hat der Spieler in der Mitte noch zwei Rateversuche, bis er abgelöst wird.

Bemerkungen

Der Ball muss sehr leise im Kreis herumgehen, da unnötige Geräusche verraten könnten, wo er sich gerade befindet. Machen Sie die Kinder darauf aufmerksam, dass sie bei der Antwort auf die gestellte Frage nicht schreien dürfen, weil sonst der Rater die Laute nicht voneinander unterscheiden kann.

Wer geistert nachts herum?

Ein vergnügliches Kreisspiel, in dem die Kinder wachsam bleiben müssen, um zu reagieren, wenn ihr Name aufgerufen wird. Gleichzeitig müssen sie einander zuhören, um rechtzeitig mitsprechen und -klatschen zu können.

Spielmaterial

Kein Material notwendig.

Spielverlauf

Die Kinder sitzen im Kreis. Sie klatschen im Rhythmus des Refrains (der ersten beiden Zeilen) mit und klatschen immer dann, wenn der Refrain wiederholt wird. Verwenden Sie im Text die Namen der Kinder:

Alle: Wer geistert herum die ganze Nacht
und macht soviel Lärm, dass jeder erwacht?
Lehrer: (Name von Kind A) ist der unruhige Geist.
Kind A: Nein, ich renn nicht in der Nacht herum!
Da lieg ich im Bett ganz still und stumm.
Alle: Wer geistert herum die ganze Nacht
und macht soviel Lärm, dass jeder erwacht?
Kind A: (Name von Kind B) ist der unruhige Geist.
Kind B: Nein, ich renn nicht in der Nacht herum!
Da lieg ich im Bett ganz still und stumm.
Alle: Wer geistert herum die ganze Nacht?
und macht soviel Lärm, dass jeder erwacht? usw.

Bemerkungen

Wenn Sie sicherstellen wollen, dass jeder Spieler an die Reihe kommt, lassen Sie das Spiel im Stehen anfangen. Jeder Spieler, der aufgerufen wurde, setzt sich nach seiner Antwort. Wenn den Kindern alle Verszeilen geläufig sind, können sie abwechselnd die Rolle des Lehrers übernehmen.

Doppelt schwierig!

In diesem Spiel müssen die Kinder versuchen, nur einem Sprecher zuzuhören, während ein zweiter versucht, sie abzulenken.

Spielmaterial

Faktenkarten (Auf S. 158 finden Sie Faktenkarten, die für etwa 8-jährige Kinder geeignet sind.).

Spielverlauf

Bilden Sie Vierergruppen. Spieler A jeder Gruppe ist der Zuhörer, Spieler B und C sind die Sprecher und Spieler D ist der Schiedsrichter. Die Sprecher erhalten jeweils eine Faktenkarte, die sie sich still durchlesen. Spieler D erklärt Spieler A, dass er sich entscheiden muss, welchem Sprecher er zuhören will. Spieler B und Spieler C stehen beide in der gleichen Entfernung zu A und sind ihm zugewandt. Spieler D zählt: „Eins, zwei, drei, los!" Nun lesen beide Sprecher ihre Karten gleichzeitig und jeweils in normaler Lautstärke vor. Wenn beide fertig sind, stellt Spieler D Spieler A zuerst die Fragen auf der Karte des Sprechers, den A gewählt hat, und danach die Fragen auf der Karte des zweiten Sprechers. D notiert, welche Fragen von A richtig beantwortet wurden. Nun beginnt eine neue Spielrunde mit vertauschten Rollen und neuen Faktenkarten. Es wird solange gespielt, bis jeder einmal Zuhörer war.

Bemerkungen

Erkundigen Sie sich nach dem Spiel, wie viele Kinder es geschafft haben, alle drei Fragen auf der Karte des von ihnen gewählten Sprechers zu beantworten und wie viele eine oder mehr Fragen von der Karte des zweiten Sprechers richtig beantworten konnten. Sprechen Sie mit den Kindern darüber, was leicht oder schwer daran war, sich auf einen Sprecher zu konzentrieren und das, was der andere sagte, absichtlich zu überhören.

Zungenbrecher

Bei diesem Spiel denken die Kinder an die Laute, aus denen die Wörter bestehen. Sie müssen gut zuhören und sich konzentrieren.

Spielmaterial

Papier und Stifte.

Spielverlauf

Sprechen Sie den Kindern einige Zungenbrecher vor – etwa: „Bürsten mit schwarzen Borsten bürsten besser als Bürsten mit weißen Borsten." Oder: „Blaukraut ist Blaukraut und Brautkleid ist Brautkleid." Lassen Sie die Kinder darüber diskutieren, was an Zungenbrechern so schwierig ist. Bilden Sie Partnergruppen; jedes Paar erhält ein Blatt Papier und einen Stift und soll versuchen, einen Zungenbrecher selbst zu erfinden. Danach können alle ihre Zungenbrecher austauschen.

Bemerkungen

Machen Sie einen Wettbewerb daraus: Sieger ist, wer einen Zungenbrecher am schnellsten fehlerlos aufsagen kann.

Lautstärkenwechsel

Dieses Spiel veranlasst die Kinder, über die Auswirkungen von Geräuschen auf unser Verhalten nachzudenken.

Spielmaterial

Ein Kassettenrekorder/CD-Spieler und genügend Raum, um sich frei zu bewegen.

Spielverlauf

Sagen Sie den Kindern, dass sie sich zur Musik, die Sie abspielen werden, bewegen sollen. Lassen Sie die Musik 30 Sekunden lang mit normaler Lautstärke laufen, dann drehen Sie eine Minute lang sehr laut auf und dämpfen danach die Lautstärke sehr stark. Schalten Sie dann aus und rufen Sie die Kinder zu sich. Lassen Sie sich erzählen, wie die Lautstärke ihre Bewegungen beeinflusst hat. Kündigen Sie nun an, dass Sie die Musik noch einmal mit wechselnder Lautstärke abspielen werden und dass die Kinder bei lauter Musik große, bei leiser Musik kleine Bewegungen machen sollen. Wenn Sie die Lautstärke allmählich verändern, sollen sich auch ihre Bewegungen allmählich verändern, wenn Sie aber schnell von sehr leise auf sehr laut drehen, müssen sie entsprechend schnell reagieren.

Bemerkungen

Erläutern Sie den Kindern, bei welchen Gelegenheiten man Musik in welcher Lautstärke abspielt und warum das so ist; z. B. kann leise Musik beim Zahnarzt oder beim Einschlafen helfen, während laute und aufregende Musik eingesetzt wird, um Stimmung zu erzeugen, beispielsweise Popmusik in der Disko oder Blasmusik bei einem Volksfest.

Im Flüsterton

In diesem Spiel müssen die Kinder gut zuhören und klar sprechen, um erfolgreich zu sein.

Spielmaterial

Kein Material notwendig, aber genügend Spielfläche.

Spielverlauf

Teilen Sie die Kinder in zwei Mannschaften auf. Jede Mannschaft stellt sich in einer Reihe, aber mit etwas Abstand, hintereinander auf. Nur die Ersten in der Reihe sollen Ihre geflüsterte Anweisung verstehen. Diese beiden geben den Befehl im Flüsterton an die Zweiten in der Reihe weiter, die Zweiten an die Dritten und so weiter. Wenn die Letzten in der Reihe die Botschaft erhalten haben, rennen sie zu Ihnen nach vorn und führen die geforderte Handlung vor, für deren Genauigkeit Sie Punkte vergeben können. Dann flüstern Sie diesen beiden Spielern eine zweite Anweisung zu, die sie an die Nächsten in der Reihe weitergeben und so fort wie das erste Mal.

Ein Befehl könnte etwa lauten: „Hüpfe dreimal auf der Stelle!" oder „Fasse deine Zehen mit den Fingerspitzen an!"

Bemerkungen

Machen Sie die Kinder vor dem Spiel darauf aufmerksam, dass sie die Anweisung nur flüsternd weitergeben dürfen. Ein Wiederholen der Anweisung ist nicht erlaubt. Auf diese Weise müssen sie langsam und klar sprechen und genau zuhören.

Bleib im Takt!

Die Kinder müssen hierbei auf den Takt der Musik und auf Ihre Anordnungen hören, sie müssen daher konzentriert und wachsam sein.

Spielmaterial

Ein Rekorder/CD-Spieler und ein Musikstück mit einem einfachen Takt, zu dem man gut klatschen kann.

Spielverlauf

Die Kinder stehen im Kreis. Erklären Sie ihnen, dass sie zum Takt des Musikstücks, das Sie abspielen werden, klatschen und dabei zusätzlich Ihre Anweisungen befolgen sollen. Diese Anweisungen könnten z. B. folgendermaßen lauten:

Klatscht oben (über dem Kopf): 1, 2, 3, 4!
Klatscht unten (unterhalb der Knie): 1, 2, 3, 4!
Klatscht rechts: 1, 2, 3, 4!
Klatscht links: 1, 2, 3, 4!
Klatscht zusammen mit einem Partner (mit beiden Händen):
1, 2, 3, 4!
Dreht euch beim Klatschen: 1, 2, 3, 4!

Bemerkungen

Legen Sie vorher fest, ob die Spieler in die Hände des rechten oder linken Nebenmanns klatschen sollen, sonst gibt es ein Chaos. Bevor Sie Ihre Anweisungen geben, sollten die Kinder das Klatschen zur Musik etwas geübt haben.

Weitere Aktivitäten

Partnertanz

Üben Sie mit den Kindern einige Tanzfiguren aus Volkstänzen oder anderen Tänzen ein, die sie dann auf Ihre Anweisung hin jeweils zu zweit ausführen.

Witzige Eigenschaften

Die Kinder können selbst erdachte, witzige, lautmalerische Adjektive für alle möglichen Lebewesen, Gegenstände oder Situationen suchen; beispielsweise für einen Wurm, ein sehr bequemes Bett, eine lange, ermüdende Reise oder dafür, wie sie sich fühlen, wenn sie gestolpert und hingefallen sind.

Angenehme Geräusche

Lassen Sie die Kinder ihre zehn Lieblingsgeräusche aufschreiben – z. B. das Klingeln, wenn der Eismann kommt oder das Rauschen des Wassers, wenn die Badewanne voll läuft. Danach können Sie anregen, dass sie zehn Alltagsgeräusche notieren, die sie nicht mögen.

Spannender Beginn

Lesen Sie den Kindern eine Satzhälfte vor und lassen Sie sie mit einem spannungsauslösenden Moment enden, z. B.: „Ohne einen Laut öffnet sich die Tür des Raumschiffs und ..." Jeder überlegt sich, was nun passieren könnte.

Hörbuch

Richten Sie eine Hörecke ein, in der sich die Kinder Geschichten auf Kassette oder CD mit Kopfhörern anhören dürfen.

Stimmenraten

Lassen Sie jedes Kind einzeln, außer Hörweite der anderen, einen Satz auf Kassette sprechen. Wenn Sie alle aufgenommen haben, spielen Sie die Kassette vor der ganzen Klasse ab und lassen raten, wer spricht.

Sprechen

Die Spiele in diesem Abschnitt fördern das Sprechen in der Gruppe. Die Spiele beginnen mit Sprechübungen im Chor und gehen über zum Einzelsprechen.

Wie meine Stimme klingt

Dieses Spiel macht Spaß. Etwas schüchterne Kinder gewinnen Redesicherheit in der Gruppe.

Spielmaterial

Kein Material notwendig.

Spielverlauf

Üben Sie mit den Kindern den folgenden Sprechgesang ein:

> *Wir sind die Kinder aus der ... (Klasse/Gruppe) und wir sprechen gern im Chor.*
> *Hallo, ... (Name des Spielleiters), was haben wir heute vor?*

Der Spielleiter antwortet mit: „Sag das noch mal ..." und schlägt eine bestimmte Sprechweise vor, z. B. fröhlich, muffig, ängstlich, in einer Fremdsprache, sehr leise oder mit verschnupfter und belegter Stimme. Es dürfen sich Freiwillige melden und den Sprechgesang wie vorgeschlagen vorführen, dann spricht jeweils die ganze Klasse oder Gruppe den Text genauso nach.

Bemerkungen

Überlegen Sie mit den Kindern vor dem Spiel, auf welche verschiedenen Arten man den Sprechgesang aufsagen könnte.

Lieblingssachen

Auch in diesem Spiel spricht die Gruppe fast alles zusammen. Dadurch überwinden schüchterne Kinder ihre Zurückhaltung und machen gerne mit. Nur Freiwillige sprechen einzeln, keiner muss vorsprechen.

Spielmaterial

Kein Material notwendig.

Spielverlauf

Üben Sie mit den Kindern den folgenden Sprechgesang ein:

> *Wir alle haben Lieblingsdinge, mit denen wir gern spielen:*
> *zum Lesen, Bauen, Fahren, Rollen, Werfen oder Zielen.*
> *Wir reden miteinander über diese schönen Sachen:*
> *Warum sie uns gefallen und was wir mit ihnen machen.*

Fragen Sie dann, ob jemand freiwillig den Satz: „Mein Lieblingsding ist ..." ergänzen und womöglich etwas darüber erzählen möchte.

Bemerkungen

Bei jüngeren Kindern ist es unter Umständen eine gute Idee, vorher zu besprechen, was sie als Lieblingsding angeben könnten. Es muss nicht unbedingt ein Spielzeug oder etwas Großes und Besonderes sein, es könnte sich auch um ein Foto, eine Muschel aus dem Urlaub oder ein Kleidungsstück handeln. Älteren Kindern fällt es sicher leichter, den Grund zu erklären, warum ihnen ein Gegenstand so gut gefällt.

Wer kennt etwas ...?

Dieses Spiel ermuntert die einzelnen Kinder, einen Satz zu vervollständigen. Jeder wird eingeladen, sich zu äußern, darf sich aber auch enthalten.

Spielmaterial

Kein Material notwendig.

Spielverlauf

Stellen Sie eine Reihe von Fragen, auf die Freiwillige antworten, z. B.:

Wer kennt etwas Schweres?
... ist etwas Schweres.

Wenn niemand sich freiwillig meldet, dann bitten Sie ein Kind, das sich nicht meldet, um Antwort.

Beispiele für Fragen sind: Wer kennt etwas ... Pelziges, Lautes, Gruseliges, Großes, Hartes, Kaltes ...?

Bemerkungen

Ältere Kinder steuern sicher gern eigene Vorschläge bei.

Die Post ist da!

In diesem Spiel sprechen die Kinder sowohl im Chor als auch einzeln. Jeder darf entscheiden, ob er etwas sagen möchte oder nicht.

Spielmaterial

Kein Material notwendig.

Spielverlauf

Ein Kind wird als Postbote/Postbotin ausgewählt, die anderen sitzen im Kreis. Sie sprechen folgenden Text im Chor:

> *Postbote/Postbotin, Postbote/Postbotin ich frage dich:*
> *hast du heute was dabei für mich?*
> *Ein Brief, ein Päckchen oder ein Paket –*
> *ich freu mich, wenn du klingelst, ob früh oder spät.*

Inzwischen geht ein Kind innen im Kreis herum. Am Ende der Strophe strecken alle Kinder, die Post bekommen wollen, die Hände aus. Der Postbote entscheidet, welche drei Kinder eine Zustellung bekommen sollen und die Empfänger dürfen sich aussuchen, was sie gerade bekommen haben, beispielsweise einen Brief von einem Freund, ein Geschenkpaket oder etwas, das sie bestellt haben. Jedes der drei Kinder kann beschreiben, was ihm zugestellt wurde. Danach wird ein neuer Postbote gewählt und eine neue Runde beginnt.

Bemerkungen

Eventuell ist es sinnvoll, vorher zusammen mit den Kindern zu überlegen, was man alles per Post erhalten kann, so dass es dem Einzelnen hinterher leichter fällt zu entscheiden, was er gern bekommen möchte.

Wer von euch kann ...?

Auch in diesem Spiel sprechen die Kinder im Chor und einzeln.

Spielmaterial

Kein Material notwendig.

Spielverlauf

Es geht hier um ein Frage-und-Antwort-Spiel. Beginnen Sie es mit einer Frage:

> *Wer von euch kann hüpfen? (1. Zeile wiederholen)*
> *Hebt die Hand hoch, eins, zwei, drei!*
> *Wer von euch kann hüpfen?*

Als Antwort melden sich die Kinder. Rufen Sie ein Kind auf, das die angesprochene Handlung wirklich oder ausschließlich durch Mimik und Gestik vorführt. Dieses Kind denkt sich dann eine andere Handlung aus und stellt obige Frage allein oder im Sprechchor mit der Gruppe. Beispiele für solche Handlungen wären: Springen, Zähne putzen, Fahrrad fahren, schwimmen oder Fußball spielen.

Bemerkungen

Wenn sich die Kinder trauen, allein vor der Gruppe zu sprechen, können Sie die Fragen auch von Spielern stellen lassen, die dann andere Mitspieler aufrufen. Bei jüngeren Kindern können Sie es auch so machen, dass Sie nach der vorgeführten Aktion eines Kindes die Eingangsfrage wiederholen und dabei „Wer von euch" durch den Namen des jeweiligen Kindes ersetzen.

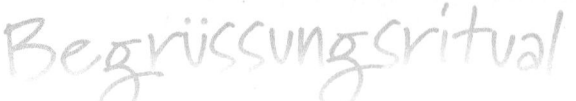

Begrüßungsritual

In diesem Spiel antwortet jedes Kind auf den Gruß der anderen Gruppenmitglieder. Die Antwort ist einfach und formelhaft, daher muss keiner Angst haben, dass ihm nichts einfallen könnte.

Spielmaterial

Kein Material notwendig.

Spielverlauf

Die Kinder sollten sich so im Kreis aufstellen, dass einige selbstbewusstere Spieler nebeneinander stehen, die dann das Spiel beginnen. Ein Spieler, der begrüßt werden soll, wird ausgesucht oder meldet sich. Zur Begrüßung sagen alle im Chor:

> *Wir Kinder in der Gruppe begrüßen jeden gern,*
> *Hallo/Grüß dich/Guten Tag, ... (Name).*

Das Kind, das so begrüßt worden ist, antwortet darauf mit: „Hallo/Grüß euch/Guten Tag, alle miteinander." Als Nächstes kommt der linke Nachbar des begrüßten Kindes an die Reihe.

Bemerkungen

Mögliche Ängste, allein vor der Gruppe zu sprechen, lassen sich gut mit einem Ablenkungsmanöver beseitigen: Die Kinder sollen ihre Antworten auf ganz verschiedene Weise geben. Z.B.: Leise piepsend wie Mäuse, brummig wie Bären, sehr schnell oder mit dem Rücken zu den anderen. Ändern Sie Ihre Anweisungen immer wieder, so dass die Kinder sich darauf so konzentrieren müssen, dass sie ihre Sprechangst ganz vergessen.

Gesprächszirkel

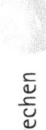

In einem Gesprächszirkel werden Kinder dazu ermutigt, sich zu äußern. Satzanfänge dienen als Stütze.

Spielmaterial

Kein Material notwendig.

Spielverlauf

Die Kinder sitzen im Kreis. Der Reihe nach ergänzen sie einen Satzanfang. Wenn sie mit dieser Art von Spiel noch nicht vertraut sind, sollten Sie einen ganz einfachen Satz wählen, z. B.: „Meine Lieblingsspeise ist ..." Bei älteren Kindern oder solchen, die diese Gesprächszirkel schon kennen, können Sie durch einen Satz wie „Der spannendste Ort ist für mich ..." die Fantasie anregen.

Bemerkungen

Für dieses Spiel können Sie, wenn Sie wollen, einen „Falken" verwenden. Das ist ein kleiner Gegenstand, den man gut in der Hand halten kann, wie z. B. ein bemaltes Holzei. Das Kind, das gerade an der Reihe ist, hält diesen „Falken", während es redet, in der Hand und gibt es dann an das nächste Kind weiter. Nur das Kind, das den „Falken" in der Hand hält, darf sprechen. Übergehen Sie eventuelle negative Reaktionen auf die Antworten einzelner Kinder.

Sprechen

Besuch von Außerirdischen

Das Spiel macht den Kindern so viel Spaß, dass sie ganz vergessen, sich zu fürchten, wenn sie vor anderen sprechen.

Spielmaterial

Kein Material notwendig.

Spielverlauf

Teilen Sie Partnergruppen ein. Jedes Paar sucht sich einen Platz zum Besprechen. Erzählen Sie den Kindern, dass sie als Außerirdische zu Besuch auf der Erde sind und sich in ihrer Heimatsprache miteinander unterhalten. Besondere Aufmerksamkeit müssen sie dabei auf ihren Tonfall legen, der den Zuhörern das Verständnis des Gesagten erleichtern soll. Auch der Gebrauch von Gestik und Mimik ist wichtig. Wenn die Partner ihre „Unterhaltung" einstudiert haben, führen sie sie nacheinander der gesamten Gruppe vor. Fragen Sie nach jeder Darbietung, was die anderen davon verstanden haben und was ihnen dabei geholfen hat.

Bemerkungen

Bei älteren Kindern können Sie diese Spielidee noch weiterentwickeln: die Partner können ihr Gespräch zuerst aufschreiben und dann in die Sprache der Außerirdischen „übersetzen".

Zwei Partner – ein Gedicht

Die Kinder sprechen hierbei abwechselnd mit einem Partner vor der Gruppe.

Spielmaterial

Sammlungen altersgemäßer Kindergedichte, je ein Buch für zwei Kinder, falls möglich.

Spielverlauf

Teilen Sie die Kinder in Partnergruppen ein; ein schüchternes Kind sollte immer mit einem selbstbewussten Kind zusammenkommen. Jedes Paar bekommt eine Gedichtsammlung. Sie sollen sie durchsehen und ein Gedicht auswählen, das beiden von ihnen gut gefällt. Dieses Gedicht sollen sie sich mehrmals durchlesen und dann üben, einzelne Verszeilen oder Strophen abwechselnd vorzulesen. Schließlich dürfen Paare, die sich freiwillig dafür melden, ihr Gedicht der ganzen Gruppe vorlesen.

Bemerkungen

Kleine Kinder können auch Kinderreime auswendig hersagen, wenn sie mögen.

Flaschenkreisel

In diesem Spiel lernen die Kinder, etwas vor der Gruppe zu sagen, worauf sie sich nicht vorbereitet haben.

Spielmaterial

Einige leere Plastikflaschen und Themenkarten (s. S. 159).

Spielverlauf

Teilen Sie die Klasse in zwei oder mehr kleinere Gruppen ein. In jeder Gruppe sollten selbstbewusstere Kinder sein, die andere unterstützen können. Jede Gruppe setzt sich im Kreis nieder. In die Mitte kommen jeweils eine Plastikflasche und einige verdeckt liegende Karten mit Gesprächsthemen. Die Flaschen werden zum Kreiseln gebracht und der Spieler, auf den der Flaschenhals zeigt, sagt einen Satz über sich. Wem dazu nichts spontan einfällt, der zieht eine Karte mit einem Gesprächsthema.

Bemerkungen

Vor dem Spiel sollten Sie mit den Kindern besprechen, was sie über sich erzählen könnten. Sie können z. B. Auskünfte über ihr Alter, über eine Vereinsmitgliedschaft oder über ihre Haustiere geben sowie über ihre Vorlieben und Abneigungen berichten. Für die Gesprächsrunden können natürlich auch Themen vorgegeben werden, z. B. Bücher oder Popgruppen. Die Spieler sagen dann jeweils einen Satz zu diesem Thema.

Weitere Aktivitäten

Ankündigungen

Schreiben Sie Ankündigungen für den Unterricht auf Karten, die von einzelnen Schülern („Moderatoren") vorgelesen werden dürfen, z. B.: „Heute lesen wir in Deutsch ..." oder „Wir arbeiten in dieser Stunde mit ..."

Assoziationsspiel

Die Kinder sitzen im Kreis und nennen nacheinander Wörter, die ihnen zu einem bestimmten Thema einfallen. Geben Sie als Ziel vor, eine ganze Runde ohne Unterbrechung und schnellem Spieltempo durchzumachen.

Kurzvortrag

Jedes Kind soll einen kurzen Text über seine Lieblingsbeschäftigung verfassen. Machen Sie jedem Mut, seinen Kurzvortrag vor der Klasse zu halten.

Namensziehung

Namenszettel aus einem Hut zu ziehen, ist eine weitere Möglichkeit, die Kinder zum Sprechen aufzufordern. Erlauben Sie aber, dass jemand „Weiter!" sagt.

Geschichtenrunde

Dabei sitzen die Kinder im Kreis. Eine Geschichte entsteht dadurch, dass jeder der Reihe nach ein Wort oder einen Satz beisteuert.

Wortspaß

Schreiben Sie einige lustig klingende Wörter auf, die alle im Chor sprechen. Fordern Sie auch die Kinder auf, Wörter zum Nachsprechen vorzuschlagen, z. B.: holterdiepolter, Kuddelmuddel, Tohuwabohu, Tiramisu, Shampoo ...

Denken

Die Kinder müssen lernen, überlegte Antworten zu geben, statt einfach zu sagen, was ihnen als Erstes in den Sinn kommt. Die Spiele in diesem Abschnitt wollen die Kinder zum Nachdenken anregen, bevor diese eine Antwort geben.

Gegenstände suchen

Die Kinder sind ganz begeistert von diesem Suchspiel. Ältere Kinder, die selbst Gegenstände verstecken dürfen, haben großes Vergnügen daran, die anderen mit einem perfekten Versteck zu überlisten.

Spielmaterial

Ein kleiner Gegenstand.

Spielverlauf

Wählen Sie einen geeigneten Zeitpunkt aus, an dem es Ihnen gelegen kommt, wenn die Kinder 5 Minuten mit Suchen beschäftigt sind. Sie haben den Gegenstand schon vor dem Eintreffen der Kinder irgendwo im Raum versteckt und kündigen nun an, dass er gesucht werden soll. Weisen Sie vorher auf alle „Tabuzonen" hin, wie etwa Fächer an Ihrem Schreibtisch oder den Schülertischen oder Stellen, die man nur durch Erklettern von Stühlen oder Tischen erreichen könnte. Außerdem betonen Sie am besten noch vor dem Spiel, dass persönliche Besitzstücke unberührt gelassen werden müssen. Geben Sie eine bestimmte Zeitspanne vor, in der die Spieler den Gegenstand finden müssen.

Bemerkungen

Wenn Sie einem Kind erlaubt haben, einen Gegenstand zu verstecken, ist es ratsam, das Versteck selbst zu kontrollieren, bevor die Mitspieler mit dem Suchen beginnen dürfen. Der Gegenstand kann eventuell auch außerhalb des Klassenzimmers an einem sicheren Ort deponiert werden.

Körpercollagen

Der Spaß an diesem Spiel besteht darin, witzig aussehende Figuren zusammenzufügen und sich die lustigsten Kombinationen auszudenken.

Spielmaterial

Einige Fotos aus Zeitschriften, auf denen Menschen abgebildet sind. Zerschneiden Sie die Bilder in drei Teile: Kopf, Rumpf und Beine.

Spielverlauf

Legen Sie die Fototeile getrennt in drei Stapeln aus und teilen Sie Zweiergruppen ein. Die Partnergruppen kommen nacheinander nach vorn und suchen sich zusammen jeweils ein Teil von einem Stapel aus. An ihrem Platz setzen sie die Teile zu Figuren zusammen. Geben Sie der Klasse einige Minuten Zeit, um alle Kreationen zu betrachten. Danach werden die Fototeile wieder in drei Stapeln ausgelegt und eine neue Spielrunde beginnt.

Bemerkungen

Eine Spielvariante ist, die Kinder die zerschnittenen Fotografien wieder richtig zusammenfügen zu lassen. Statt Abbildungen von Menschen können Sie für dieses Spiel auch Tierfotos verwenden.

Figurenraten

Bei diesem Spiel müssen die Kinder vorher überlegen, was sie tun werden und deuten, was sie sehen.

Spielmaterial

Erarbeiten Sie vor dem Spiel eine Aufstellung bekannter Figuren mit den Kindern; z.B. ein Riese, ein Zwerg, eine Märchenfee, Herkules, eine Meerjungfrau, ein König/eine Königin oder Superman. Schreiben Sie die gefundenen Begriffe auf, so dass die Kinder sie vor Augen haben.

Spielverlauf

Ein Kind, das sich freiwillig dafür meldet, stellt eine der vorher festgelegten Figuren pantomimisch dar. Weisen Sie darauf hin, dass jeder sich dabei vorher genau überlegen sollte, welche Bewegungen er macht, damit die Hinweise auch wirklich hilfreich für die anderen sind. Die Mitspieler versuchen dann, die dargestellte Figur zu erraten. Sie haben insgesamt drei Rateversuche. Wenn sie erfolglos sind, gibt der Darsteller bekannt, wen er spielen wollte, und eine neue Raterunde beginnt mit einem anderen Vorspieler.

Bemerkungen

Als zusätzliche Ratehilfe könnten Sie auch eine bestimmte Anzahl von Fragen an den Figurendarsteller zulassen, die nur mit „Ja" oder „Nein" beantwortet werden dürfen.

Frage-Antwort-Spiel

Dabei schulen die Kinder ihr Denkvermögen und arbeiten in Teams zusammen, um Quizsieger zu werden.

Spielmaterial

Altersgemäße Quizfragen (auf S. 160 finden Sie Quizfragen für 8-Jährige).

Spielverlauf

Teilen Sie Ihre Gruppe in zwei Teams, die etwa leistungsgleich sind. Stellen Sie den Teams abwechselnd Fragen und achten Sie darauf, dass jedes Rateteam die gleiche Anzahl Fragen bekommt. Eine richtige Antwort gibt 2 Punkte; nach einer falschen Antwort erhalten die Spielgegner eine Chance und können mit einer richtigen Antwort noch 1 Punkt erzielen. Stellen Sie auch einige Fragen, die jeweils vom ersten Spieler, der sich meldet, beantwortet werden dürfen und vergeben Sie auch hier für die richtige Antwort 2 Punkte.

Bemerkungen

Spannend wird der Wettbewerb, wenn Sie den Punktestand mit der Abbildung einer Rennstrecke sichtbar machen, die etwa in zwanzig Felder eingeteilt ist und auf der Sie dann ausgeschnittene Rennwagen oder kleine Spielzeugmodelle entsprechend vorwärts bewegen. Sie können die Rennstrecke auch auf einem Flipchart aufzeichnen und die Autos mit Klebepunkten befestigen. Gewinner ist das Team, dessen Rennwagen als Erstes über die Ziellinie fährt.

Was sich reimt, ist gut

Dabei setzen die Kinder ihr Wissen und ihre Erfahrungen ein, um passende Reimwörter zu finden. Dabei inspirieren sie sich gegenseitig.

Spielmaterial

Einige gereimte Kindergedichte, die sich für Ihre Gruppe eignen, z. B. die Reime aus den *Sams*-Büchern von Paul Maar.

Halten Sie die Originalversion bereit. Schreiben Sie eins der Gedichte an die Tafel, wobei Sie jeweils in jeder zweiten Zeile das Reimwort weglassen.

Spielverlauf

Teilen Sie Partnergruppen ein und erklären Sie den Kindern, dass sie die von Ihnen weggelassenen Reimwörter eines Gedichts herausfinden sollen. Zuerst sollen sie sich das Gedicht ganz durchlesen, um eine Vorstellung davon zu bekommen, wovon es handelt, und in einem zweiten Lesedurchgang sollen sie dann versuchen, die fehlenden Wörter zu ergänzen. Erinnern Sie sie daran, dass sich die Wörter am Zeilenende immer reimen müssen. Wenn die Partner fertig sind, vergleichen Sie zuerst die gefundenen Lösungen aller, bevor Sie den Kindern das Originalgedicht vorlesen. Fragen Sie danach diejenigen, die vom Ausgangstext abweichende Wörter gefunden haben, ob sie ihre eigenen Lösungen bevorzugen würden.

Bemerkungen

Bei jüngeren Kindern können Sie einfache Kinderreime nehmen oder drei Lösungswörter vorgeben, aus denen die Lösung ausgewählt werden soll.

Woran denke ich? (1)

In diesem Spiel müssen sich die Kinder gut formulierte Fragen überlegen.

Spielmaterial

Kärtchen mit Sammelbegriffen (s. S. 161).

Spielverlauf

Teilen Sie Zweiergruppen ein. Ein Kind von jeder Gruppe erhält jeweils von Ihnen eins der Kärtchen mit den Überbegriffen und denkt sich eine Person oder einen Gegenstand, der dazu passt. Dann darf der andere das Kärtchen sehen und soll durch gezielte Fragen herausbekommen, welcher Begriff seinem Partner in den Sinn gekommen ist. Wenn der Begriff richtig erraten wurde, tauschen die Kinder die Rollen und eine neue Spielrunde mit einem neuen Kärtchen beginnt.

Bemerkungen

Erklären Sie den Kindern, dass sie bei diesem Spiel in der Hoffnung einmal das Richtige zu treffen, nicht einfach blind herumraten dürfen. Der Ratende soll sich geeignete Fragen ausdenken, die einen Hinweis auf die mögliche Lösung liefern können. Wenn Sie die Dauer der Spielrunden verkürzen wollen, dann beschränken Sie die Zahl der erlaubten Fragen.

Woran denke ich? (2)

Die Kinder lernen bei diesem Spiel, Unter- und Überbegriffe einander zuzuordnen.

Spielmaterial

Sie brauchen etwa ein Dutzend kleiner Gegenstände, die in der Mitte eines Tisches angeordnet werden. Z.B.: Ein Stück Kreide, ein Glas, eine Vase, einen Füller, einen Taschenrechner, eine Schere, eine Büroklammer, ein Lineal, einen Radiergummi, einen Briefumschlag usw. Versuchen Sie, Gegenstände aus verschiedenen Materialien (Plastik, Metall, Glas) und teilweise mit ähnlicher Form (Milchkännchen und Becher aus Plastik) zu beschaffen.

Spielverlauf

Die Kinder sitzen vor dem Tisch. Wählen Sie sich im Stillen einen der Gegenstände aus. Die Kinder sollen nun versuchen, durch fünf Fragen herauszubekommen, woran Sie denken. Besprechen Sie anfangs mit ihnen, durch welche Art von Fragen sie bestimmte Möglichkeiten ausschließen können, z.B. durch die Frage: „Ist der Gegenstand aus Metall?" oder „Ist er hohl?" Gegenstände, die nicht mehr in Frage kommen, werden auf eine Seite des Tisches geschoben.

Besonders die fünfte, also die letzte Frage muss gut überlegt werden, falls noch mehrere Gegenstände passen sollten. Nach der fünften Frage rufen Sie ein Kind auf, das einen Rateversuch macht. Ist der Gegenstand erraten worden, platzieren Sie wieder alle Dinge in der Mitte des Tisches und eine neue Runde beginnt. Andernfalls dürfen noch zwei Kinder raten. Wenn auch diese beiden Versuche erfolglos bleiben, verraten Sie die Lösung und beginnen danach eine neue Spielrunde.

Denken

Bemerkungen

Wahrscheinlich macht es den Kindern Spaß, Ihre Rolle in diesem Spiel zu übernehmen und die Fragen der anderen zu beantworten. Lassen Sie sich aber den ausgewählten Gegenstand leise mitteilen, damit Sie dem Spieler beim Antworten helfen können, wenn nötig.

Was fällt mir dazu ein?

Dieses einfache Assoziationsspiel bringt die Kinder dazu, nachzudenken und sich an bestimmte Begriffe zu erinnern.

Spielmaterial

Ein Stift und einen Zettel für jeden Spieler.

Spielverlauf

Kündigen Sie an, dass Sie ein bestimmtes Wort nennen werden und die Kinder dann 1 Minute Zeit haben werden, alle Begriffe, die ihnen dazu einfallen, aufzuschreiben. Wählen Sie aussagekräftige Oberbegriffe, zu denen man viele Ideen haben kann, z.B. „Weihnachten", „Zirkus" oder „Badeausflug". Kinder können sich freiwillig melden, um ihre Wörter vorzulesen. Lassen Sie die Kinder ihre Assoziationen vergleichen und herausfinden, welches Wort dabei am häufigsten auftaucht. Danach beginnt eine neue Runde.

Bemerkungen

Bei älteren Kindern können Sie es auch einmal mit abstrakten Begriffen wie „Freiheit" oder „Schönheit" versuchen. Vorschläge für neue Wörter können auch von den Kindern kommen. Legen Sie die Zettel mit ihren Vorschlägen in einen Hut und ziehen Sie immer wieder einen Zettel. Die Begriffe dürfen dafür auch skizziert werden, falls die Kinder nicht wissen, wie man sie schreibt.

Pause

Bei diesem Spiel müssen die Kinder überlegen und sich konzentrieren. Sie können zwischen den Wortbeiträgen öfter oder weniger oft klatschen lassen, um das Tempo zu beschleunigen oder zu verringern.

Spielmaterial

Kein Material notwendig.

Spielverlauf

Die Kinder sitzen im Kreis. Wählen Sie einen Themenbegriff, beispielsweise Popstars, Sport, Brotbelag oder Kleidung. Das Spiel geht im Kreis herum. Jeder Spieler nennt einen Begriff, der zum vorgegebenen Thema passt. Der erste Spieler sagt sein Wort, die anderen klatschen zweimal, dann ist der linke Nachbar des ersten Spielers an der Reihe usw. Kein Begriff darf zweimal genannt werden. Wenn ein Spieler, der an der Reihe wäre, zu lange zögert, klatschen alle anderen viermal und rufen „Pause!" Der Spieler, dem nichts eingefallen ist, beginnt nun eine neue Spielrunde zu einem neuen Begriff.

Bemerkungen

Es könnte hilfreich sein, mit den Kindern vor dem Spiel einige solcher Themenbegriffe durchzugehen, damit sie sich besser auf das Spiel einstellen können. Geben Sie als Ziel vor, eine ganze Runde zu einem einzigen Begriff durchzuhalten. Wenn das klappt, können Sie das Tempo der Spielrunde erhöhen.

Gegensätze ziehen sich an

Die Kinder müssen sich hierbei überlegen, welche Wörter Gegensatzpaare ergeben und mit welchen Fragen sie das Wort auf ihrem Rücken und damit auch ihren Partner herausfinden können.

Spielmaterial

Klebestreifen und Karten mit Begriffen, von denen jeweils zwei ein Gegensatzpaar ergeben (s. S. 162).

Spielverlauf

Heften Sie jedem Spieler eine Karte mit einem Wort, das er nicht vorher lesen darf, auf den Rücken. Erklären Sie, dass die Spieler von einem zum anderen herumgehen sollen. Dabei sollen sie einen Partner finden, der auf dem Rücken das Adjektiv mit der gegenteiligen Meinung trägt. Setzen Sie eine bestimmte Zeit für einen Durchgang fest, etwa 5 Minuten. Um das eigene Wort auf dem Rücken herauszufinden, darf jeder Spieler den anderen Fragen dazu stellen. Das Wort darf ihm allerdings nicht genannt, sondern nur erklärt werden, also z. B. könnte „reich" so erklärt werden: „Du hast sehr viel Geld". Sobald ein Spieler das eigene Wort auf dem Rücken erraten hat, kann er nach seinem Partner Ausschau halten.

Bemerkungen

Versichern Sie sich vor dem Spiel, dass den Kindern klar ist, was „Gegenteil" bedeutet und machen Sie einen Übungsdurchgang mit einigen Begriffen. Besprechen Sie auch mit ihnen, wie man einem anderen ein Wort möglichst gut erklären kann. Betonen Sie, dass es die Freude am Spiel verdirbt, wenn einer dem anderen sein Wort einfach verrät.

Weitere Aktivitäten

Spurensuche

Das ist ein Spiel für draußen. Ein Spieler erhält Hinweise von Ihnen, welchen Mitspieler er aufspüren soll. Z. B.: „Suche das Kind mit dem Schal". Der Spieler, der gefunden wurde, übernimmt nun die Rolle des Spurensuchers und folgt beispielsweise dem Hinweis: „Suche das Kind, dessen Name mit B beginnt."

Wie heißt das Gegenteil?

Rufen Sie ein Adjektiv, dessen Gegenteil die Gruppe finden soll, z. B. leicht/schwer, groß/klein, arm/reich, heiß/kalt.

Verbotenes Gelände

Teilen Sie die Spielfläche in verschiedene Felder mit Geländenamen ein, die Sie durch Symbole oder Buchstaben kennzeichnen, beispielsweise „Strand" oder „Gebirge". Drehen Sie den Spielern den Rücken zu und lassen Sie Musik abspielen. Währenddessen bewegen sich die Kinder im Raum. Wenn die Musik abbricht, sucht sich jeder Spieler ein Feld aus, auf dem er stehen bleiben möchte. Wenn alle stehen, rufen Sie einen der Geländenamen und alle Spieler, die sich in diesem Feld befinden, scheiden aus. Spielen Sie solange, bis ein Sieger übrig bleibt.

Was ist dann passiert?

Die Kinder spielen in Sechsergruppen. Jeder Spieler schreibt auf ein Blatt Papier den Namen einer männlichen Person, faltet das Blatt einmal und gibt es weiter. Der Nächste schreibt: „trifft sich mit ..." und fügt den Namen einer weiblichen Person an. Das gefaltete Papier wandert zum Nächsten, der eine Präposition und einen Ort dazuschreibt. Der jeweils vierte Spieler schreibt: „Er sagt: ...", der nächste Spieler schreibt: „Sie sagt: ..." und der jeweils letzte Spieler fügt an:

„Danach ..." plus irgendeine Handlung. Die Spieler geben das ganz zusammengefaltete Blatt noch einmal weiter. Jeder liest nacheinander den Text auf seinem Blatt vor. Weisen Sie die Kinder darauf hin, dass sie Namen von Gruppenmitgliedern oder Mitschülern und grobe Bemerkungen vermeiden sollen.

Konzentration

Die Spiele in diesem Abschnitt kombinieren Hör-, Seh-, Sprech- und Denkvermögen in spielerischen Aktivitäten, um die Konzentration zu fördern.

Ich kann's genauso gut wie du!

In diesem Spiel müssen die Kinder genau hinschauen, um die Aktionen der anderen nachmachen zu können. Darüber hinaus denken sie sich selbst geeignete Bewegungsabläufe aus.

Spielmaterial

Kein Material notwendig.

Spielverlauf

Die Kinder stehen im Kreis. Denken Sie sich einen einfachen Bewegungsablauf aus, etwa: Zuerst beide Arme hochstrecken, sie dann sinken lassen, sie seitlich ausstrecken und wieder anlegen. Führen Sie diese Bewegungen zweimal vor. Die Kinder sagen folgenden Reim auf:

Ich schau genau, was du hier tust,
wenn du dann fertig bist und ruhst
dann mach ich alles nach im Nu –
Ich kann's genauso gut wie du!

Dabei machen sie Ihre Bewegungen nach. Danach führt ein Spieler, der sich freiwillig meldet oder den Sie aussuchen, einen neuen Bewegungsablauf vor, den wieder alle imitieren.

Bemerkungen

Bei älteren Kindern können Sie es auch so machen, dass Sie hinter den Kindern herumgehen, während diese die vorgeführten Bewegungen imitieren, und unerwartet jemanden antippen. Dieser Spieler soll dann sofort innehalten und neue Bewegungen vormachen. Bei dieser Spielvariante müssen die Kinder besonders gut aufpassen, um schnell und richtig reagieren zu können.

Buchstabensalat

In diesem temporeichen Spiel müssen die Kinder gut zuhören und immer startbereit sein.

Spielmaterial

Ein Gegenstand, der in die Mitte des Kreises gelegt wird, und Kärtchen mit Buchstaben (die Anfangsbuchstaben der Vornamen aller Kinder in Ihrer Gruppe müssen vorkommen) in einer Schachtel. Außerdem soll genügend Platz zum Laufen vorhanden sein.

Spielverlauf

Die Kinder sitzen im Kreis. Sie ziehen ein Kärtchen aus der Schachtel und sagen: „Alle, deren Name mit ... anfängt": Alle Kinder, auf die das zutrifft, stehen auf und rennen einmal im Uhrzeigersinn außen um den Kreis. Sobald sie wieder an ihrem Platz angelangt sind, dürfen sie in die Mitte des Kreises laufen und versuchen, sich den dort befindlichen Gegenstand zu schnappen. Der Spieler, der das geschafft hat, darf den nächsten Buchstaben ziehen und ausrufen. Einmal gezogene Buchstaben kommen nicht wieder in die Schachtel zurück.

Bemerkungen

Das Vergnügen an diesem Spiel lässt sich noch steigern, wenn der Spieler, der den Buchstaben zieht, vorher noch die Bewegungsart seiner Mitspieler vorgeben darf; also z. B. hopsen, kriechen oder watscheln.

Die Jagd nach dem Ball

Bei diesem Spiel müssen die Kinder aufmerksam sein, zuhören und bereit sein loszulaufen, wenn ihre Nummer gerufen wird.

Spielmaterial

Ein Ball. Für jüngere Kinder mit Nummern beschriftete Klebeetiketten. Genügend Platz zum Spielen.

Spielverlauf

Geben Sie den Kindern, die im Kreis stehen, zufällig ausgewählte Nummern. Jüngeren Kindern, die ihre Nummern eventuell vergessen könnten, kleben Sie Etiketten mit ihren Nummern auf die Ärmel. Rufen Sie eine der Nummern und werfen Sie den Ball so in die Mitte des Kreises, dass er dort aufprallt. Das Kind mit der aufgerufenen Nummer rennt los und versucht, den Ball zu erwischen, bevor er ein zweites Mal aufprallen kann. Danach wird der Ball wieder zu Ihnen zurückgeworfen und eine neue Spielrunde beginnt.

Bemerkungen

Kinder, die schon gut mit Bällen umgehen können, dürfen die Rolle des Spielleiters übernehmen.

Wellensurfen

Vor allem jüngere Kinder sind begeistert, wenn sie in diesem spannenden Spiel an die Reihe kommen.

Spielmaterial

Kein Material notwendig, aber genügend freie Spielfläche.

Spielverlauf

Die Kinder stehen im Kreis und halten ausreichend Abstand, um Mitspieler durchzulassen. Ein Spieler macht den Anfang als Surfer. Er bewegt sich zwischen den im Kreis stehenden Kindern. Währenddessen sprechen seine Mitspieler:

Auf den Wellen surfe ich, mal auf, mal ab, mal dort, mal hier.
Mit meinem großen starken Surfbrett: steig doch auf und komm mit mir.

Wenn der Vers zu Ende ist, darf der dem Surfer am nächsten stehende Spieler auf das Surfbrett mit „aufsteigen" und sich an der Taille des ersten Spielers festhalten. Beide fangen nun an, im Kreis herumzugehen, und die anderen Spieler sprechen wieder den obigen Reim. Immer mehr Kinder „steigen auf das Surfbrett auf", bis zu zehn dürfen mitmachen. Danach beginnt eine neue Runde mit einem neuen Spieler.

Bemerkungen

Machen Sie die Kinder darauf aufmerksam, dass sie sich immer wieder gleichmäßig verteilen, sobald ein weiterer Spieler den Kreis verlässt.

Lachen verboten!

Dabei müssen die Kinder ihre ganze Selbstbeherrschung aufwenden, um ein ernstes Gesicht zu bewahren.

Spielmaterial

Kein Material notwendig.

Spielverlauf

Die Kinder laufen im Raum herum. Jedes Mal, wenn zwei aufeinander treffen, versuchen sie, sich nacheinander zum Lachen zu bringen, indem sie Grimassen schneiden und mit verstellter Stimme „Lachen verboten!" ausrufen. Jeder Spieler, der lachen muss, scheidet aus und setzt sich hin. Das Spiel geht entweder eine festgelegte Zeit lang weiter oder dauert so lange, bis es einen Sieger gibt.

Bemerkungen

Ältere Kinder können sich witzige oder unsinnige Sätze ausdenken, um ihre Mitspieler zum Lachen zu bringen, z.B.: „Das Beste an der Suppe sind die Hühneraugen, die oben schwimmen."

Konzentration

Der Schatz des Kraken

Dieses rasante Spiel fördert die Aufmerksamkeit und Wachsamkeit der Kinder, die versuchen sollen, den Schatz zu bekommen.

Spielmaterial

Einige Fische mit etwa 50 cm Länge aus Kartonpapier. Die Kinder können sie in einer Kunststunde anfertigen.

Spielverlauf

Die Kinder stehen im Kreis. Einer ist der Krake, er kommt in die Kreismitte und legt die Fische um sich herum, etwa in einer Entfernung von eineinhalb Metern, aus. Auf Ihr Kommando hin laufen die anderen Spieler in diesen Spielbereich und versuchen, die Fische mitzunehmen. Jeder, der dabei von dem Kraken berührt wird, scheidet aus. Vergleichen Sie nach einigen Spielrunden, wer die meisten Fische erwischt hat, und beginnen Sie dann eine neue Spielrunde mit einem anderen Kraken.

Bemerkungen

Dieses Spiel können Sie variieren, indem Sie beispielsweise die Spieler in verschiedene Gruppen einteilen – Fischer, Haie, Meerjungfrauen – und jeweils nur eine Kategorie zum Fischfang aufrufen. Oder Sie spielen statt mit Fischen mit verschieden großen Stücken Goldpapier, für die es je nach Größe mehr oder weniger Punkte gibt. In diesem Fall überlegen die Spieler vorher, welches Stück sie sich greifen wollen.

Geschwindigkeit ist gefragt!

In diesem lebhaften Spiel macht es den Kindern großen Spaß, in halsbrecherischem Tempo die richtigen Bewegungen nachzuahmen.

Spielmaterial

Kein Material notwendig.

Spielverlauf

Üben Sie vor dem Spiel mit den Kindern den folgenden Spruch ein:

Kopf schütteln, Ohren packen, Arme schwingen, Nase zupfen,
Schultern zucken, Knie beugen, sich drehn und in die Höhe hupfen,
Beine grätschen, Finger runter zu den Zehen,
Ganz weit hochstrecken, schnell zu Boden gehen.

Die Bewegungen dazu werden zuerst bei normaler Sprechgeschwindigkeit ausgeführt, wenn alles „sitzt", können Sie das Tempo allmählich beschleunigen. Zusätzlich können Sie bei jedem neuen Durchgang immer wieder eine Anweisung für eine Bewegung weglassen und stattdessen eine Sprechpause machen, in der die entsprechende Handlung richtig ausgeführt werden muss.

Bemerkungen

Aus diesem Spiel können Sie einen Wettbewerb für den schnellsten Spieler der Klasse machen. Spieler, die zu langsam oder falsch reagieren, scheiden aus.

Konzentration

Gruppenfoto

Jede Runde in diesem Spiel ist zeitlich begrenzt, daher müssen sich die Kinder konzentrieren und in der Gruppe gut zusammenarbeiten, um ein zufrieden stellendes Ergebnis zu bekommen.

Spielmaterial

Kein Material notwendig.

Spielverlauf

Teilen Sie Sechsergruppen ein. Kündigen Sie an, dass Sie jeder Gruppe ein Thema für ein Gruppenbild geben werden und dass die gesamte Gruppe innerhalb von zwei Minuten eine Szene nachstellen soll, die zum Thema passt. Jedes Mitglied der Gruppe soll eine festgelegte Rolle in dieser Szene spielen. Je besser die Gruppe zusammenarbeitet, desto erfolgreicher wird sie sein. Beispiele für solche Themen sind: „Jahrmarkt", „Hochzeit", „Skipiste" oder „Geburtstagsparty". Erklären Sie den Kindern, dass Sie nach zwei Minuten „Stopp!" rufen werden und dass dann alle Gruppenbilder „versteinern" müssen. Die Gruppensprecher treten dann nacheinander aus dem Bild heraus und beschreiben den anderen Gruppen, wie sie sich die Szene vorstellen.

Bemerkungen

Bieten Sie Szenenvorschläge an, die sich in ihren Stimmungen grundlegend unterscheiden. Diskutieren Sie nach einer Spielrunde mit den Kindern darüber, was an ihrer Szene am schwierigsten darzustellen war und welche die beste Art der Zusammenarbeit war.

Das Regenbogenspiel

Bei diesem Spiel müssen sich die Kinder auf die aufgerufenen Farben konzentrieren, um reagieren zu können, wenn sie an der Reihe sind.

Spielmaterial

Kein Material notwendig.

Spielverlauf

Die Kinder sitzen im Kreis. Ordnen Sie jedem Spieler eine Regenbogenfarbe zu: Rot, orange, gelb, grün, hellblau, dunkelblau, violett. Rufen Sie in einer Spielrunde ein bis drei Farben. Die entsprechenden Spieler tauschen die Plätze. Wenn Sie „Regenbogen" rufen, tauschen alle Spieler die Plätze.

Bemerkungen

Um die Aufmerksamkeit der Kinder zu erhöhen, können Sie festlegen, dass die letzten beiden Spieler, die sich in einer Runde wieder hinsetzen, ausscheiden müssen.

Linksherum und rechtsherum

Hierbei müssen sich die Kinder konzentrieren und überlegt handeln, um zwei Aktionen richtig an die Mitspieler weiterzugeben.

Spielmaterial

Kein Material notwendig.

Spielverlauf

Starten Sie gleichzeitig zwei Aktionen, die in gegensätzlicher Richtung den Kreis durchlaufen sollen, drücken Sie z. B. dem Spieler zu Ihrer Linken die Hand (Spielrichtung im Uhrzeigersinn) und geben Sie dem Spieler zu Ihrer Rechten einen Klaps auf den Unterarm (Spielrichtung im Gegenuhrzeigersinn). Ziel des Spiels ist es, dass beide Aktionen zur gleichen Zeit wieder bei Ihnen ankommen.

Bemerkungen

Schärfen Sie den Kindern ein, dass sie eine Berührung erst dann weitergeben dürfen, wenn sie sie selbst gespürt haben. Gleichzeitig müssen sie verfolgen, mit welcher Schnelligkeit die Aktionen den Kreis durchlaufen und die beiden Geschwindigkeiten synchronisieren. Wenn die Kinder etwas Erfahrung mit diesem Spiel gesammelt haben, können sie Ihre Rolle als Spielleiter übernehmen.

Weitere Aktivitäten

Amöben

Die Kinder bilden Fünfergruppen. Sie stehen im Kreis mit Blick nach außen und haken sich unter. Dann bestimmen sie gemeinsam, zu welcher Stelle sie sich bewegen wollen und steuern langsam darauf zu.

Zwanzig

Die Kinder spielen in Dreier-, Vierer- oder Fünfergruppen. Ein Spieler beginnt mit eins, der Reihe nach addieren die anderen jeweils eine Zahl zwischen eins und fünf. Ein Spieler, der „zwanzig" sagt, scheidet aus.

Angewurzelt

Dazu benötigen Sie einen großen, weichen Ball. Vier Spieler legen sich auf den Boden. Sie können sich den Ball zurollen oder zuwerfen, dürfen sich aber nicht von der Stelle bewegen. Die anderen Spieler laufen im Kreis um die Liegenden herum, die versuchen müssen, ihre Mitspieler mit dem Ball zu treffen. Wenn jemand abgeworfen wurde, muss er ebenfalls auf dem Boden „Wurzeln schlagen" und versuchen, andere zu erwischen. Das Spiel geht so lange weiter, bis alle Spieler auf dem Boden liegen oder bis die Kinder erschöpft sind.

Der Fuchs im Hühnerstall

Ein Spieler ist der Fuchs und stellt sich an einer Seite der Spielfläche auf. Die anderen laufen herum, bis Sie anfangen zu zählen. Während Sie bis drei zählen, müssen jeweils drei Kinder einen Hühnerstall „bauen". Zwei Spieler stehen mit erhobenen Armen und fassen sich an den Händen, ein dritter ist die Henne, die sich dazwischen auf den Boden kauert. Nachdem Sie bei „drei" angelangt sind, fangen Sie noch einmal zu zählen an, diesmal bis zehn. Während dieser Zeit versucht der

Konzentration

Fuchs, jedes Kind zu fangen, das nicht zu einem Hühnerstall gehört. Sicher vor ihm sind auch die Dreiergruppen nur, wenn jeder Spieler in der richtigen Position steht. Die Kinder, die der Fuchs in dieser Zeitspanne gefangen hat, werden in der nächsten Runde selbst zu Füchsen und gehen auf die Jagd.

Über andere nachdenken

Dieser Abschnitt befasst sich mit verschiedenen Möglichkeiten, über andere nachzudenken. Der Schwerpunkt liegt auf Aktivitäten, die zu Freundlichkeit und Rücksichtnahme gegenüber anderen erziehen sollen, und auf wichtigen Fertigkeiten, die mit dem Aufbau positiver Beziehungen in Zusammenhang gebracht werden. Die Kinder lernen zudem, Körpersprache zu verstehen und durch die Beobachtung anderer sich angemessen zu verhalten.

Ruppiger-Bär-Rap

Die Kinder haben ihren Spaß beim Hören und Mitsprechen dieses Raps und machen sich gleichzeitig Gedanken zu einem wichtigen Verhaltensaspekt.

Spielmaterial

Kein Material notwendig.

Spielverlauf

Lesen Sie den Kindern den Liedtext vor. Sie können in den Refrain mit einstimmen und dazu im Takt klatschen:

> Der ruppige Bär war ein schlimmer Fall:
> Er hatte null Manieren und ihm war alles egal.
> Er schrie: „Hört auf zu meckern und seid endlich still!
> Ich mach, was ich mag, und ich sag, was ich will!"
>
> Refrain:
> Hey, Bär, hör mal zu, Bär:
> Ich würd mich ändern, wenn ich du wär!
> Du bist ein grober Klotz und mal ganz ungelogen:
> Wir alle hier finden dich ungezogen!
>
> Er quasselte mit vollem Mund, obwohl das keinem recht war,
> Er sabberte und rülpste, bis uns allen schon ganz schlecht war.
> Von seinen Essensresten war'n die Ärmel immer bunt
> Nur ein „Bitte" oder „Danke" nahm er niemals in den Mund.
>
> Refrain: ...
>
> Zu den Mädchen war er bös, zu den Jungen noch gemeiner,
> Er schubste und er zwickte und sein Spielzeug kriegte keiner.
> Niemals half er andern, alles ließ er liegen
> Und wenn sich wer beschwerte, brummte er bloß: „Dumme Ziegen!"

Refrain: ...

Er quatschte uns die Ohr'n voll, wo er ging und stand,
Sein Abfall fiel ihm einfach auf den Boden aus der Hand.
Morgens oder abends kam von ihm niemals ein Gruß,
Zum Öffnen oder Schließen einer Tür nahm er den Fuß.

Refrain: ...

Du gehst uns auf den Wecker, du ruppiger Bär!
Dein Benehmen ist erschreckend schlimm und ganz bestimmt nicht fair.
Mach dich auf die Socken und lern erst mal Manieren,
Erst dann woll'n wir dich wiedersehn, das solltest du kapieren!

Bemerkungen

Erinnern Sie die Kinder daran, dass Sie keine „ruppigen Bären" in Ihrer Gruppe wollen.

Hilf mir, wenn du kannst!

Rollenspiele, in denen sich die Kinder in die Gefühle anderer hineinversetzen, bieten eine Gelegenheit, darüber nachzudenken und zu sprechen, wie man sich fühlt, wenn man freundlich zu anderen ist und von ihnen Freundlichkeit erfährt.

Spielmaterial

Ein Flipchart und ein Markierstift.

Spielverlauf

Sammeln Sie die Vorschläge der Kinder, in welchen Situationen freundliches Verhalten wichtig ist, und notieren Sie sie auf dem Flipchart. Beispiele wären: Ein Kind fällt hin und tut sich weh, jemand verliert einen wertvollen Gegenstand, ein Kind hat einen bösen Streit in der Familie oder jemandem ist übel.

Teilen Sie nun die Kinder in Dreiergruppen ein. Jede Gruppe diskutiert über eine der Situationen und spielt sie mit verteilten Rollen durch. Fragen Sie, ob eine der Gruppen ihr Spiel der ganzen Klasse vorführen möchte.

Anschließend sprechen Sie mit den Kindern über freundliches Verhalten. Fragen Sie, wie sie sich fühlen, wenn sie nett zu jemandem sind oder wenn jemand nett zu ihnen ist. Lassen Sie die Kinder auch überlegen, welche Gründe es dafür geben könnte, dass sie sich unfreundlich verhalten, verhindern Sie aber, dass konkrete Namen von Kindern genannt werden. Erbitten Sie Anregungen, was einem dabei helfen könnte, in solchen Situationen freundlich zu sein.

Bemerkungen

Die Kinder können sich auch verschiedene Ausgangssituationen ausdenken, in denen sich jemand unglücklich fühlt und Aufmunterung von anderen nötig hat. Möglicherweise erhalten Sie dabei Hinweise auf Probleme in der Klasse.

Eins geht über Bord

Dieses Spiel erzeugt ein gutes Gruppengefühl. Dazu kommt ein kleiner Nervenkitzel durch den Ratespaß.

Spielmaterial

Ein kleiner Gegenstand, der im Kreis weitergegeben wird.

Spielverlauf

Die Kinder sitzen im Kreis. Sie reichen einen Gegenstand von Hand zu Hand und sagen dabei:

(Anzahl der Mitspieler) Kinder im Boot machen Wassersport;
Da – ein lauter Schrei! Eins geht über Bord!

Der Spieler, der den Gegenstand beim Wort „Bord" gerade in der Hand hält, muss sich in die Mitte des Kreises setzen. Das Spiel geht mit einem Mitspieler weniger weiter. Allerdings haben die ausgeschiedenen Spieler die Möglichkeit, wieder ins Boot zurückzukommen. Vor jeder Runde darf jedes Kind in der Mitte raten, wer als Nächster über Bord gehen wird. Wer richtig geraten hat, nimmt den Platz des „herausgefallenen" Spielers ein. Wenn mehr als ein Kind richtig geraten hat, dann entscheidet das Los, wer zurück darf.

Bemerkungen

Die Voraussagen für die nächste Runde müssen sehr schnell abgegeben werden, damit sich niemand im Voraus ausrechnen kann, wer ausscheiden wird. Achten Sie darauf, dass die Zahl am Versanfang jeweils an die Zahl der Mitspieler einer Runde angepasst wird. Das Spiel kann solange gespielt werden, bis es nicht mehr durchführbar ist.

Auswärts essen

Dieses interessante Spiel kann zu den verschiedensten Diskussionen führen, z. B. über gesundes Essen oder Speisen in anderen Ländern.

Spielmaterial

Jedes Kind schreibt für dieses Spiel eine Speisekarte mit Hauptspeise, Beilagen, Nachspeise und Getränken; jeder Eintrag in der Speisekarte wird nummeriert. Außerdem werden benötigt: Tischtücher, Besteck, Teller, Schüsseln und Becher aus Plastik, dazu für die Kellner Stifte und kleine Blocks.

Spielverlauf

Teilen Sie die Kinder in Vierer- oder Fünfergruppen ein. Erklären Sie ihnen, dass sie in einem Rollenspiel darstellen sollen, wie sie in einem Restaurant essen. Ein Kind spielt den Kellner/die Kellnerin und die anderen sind die Gäste. Die Szene muss zunächst durch das Decken des Tisches vorbereitet werden. Die Gäste sitzen an einem Tisch, sie stellen eine Familie oder eine Gruppe von Freunden dar. Sie bestellen ihr Essen beim Kellner und spielen pantomimisch, wie sie essen. Der Kellner schreibt sich die Bestellung jedes Gastes auf – es brauchen nur die Nummern auf der Speisekarte zu sein, um die Sache zu erleichtern; er serviert das Essen und räumt zum Schluss den Tisch ab.

Alle Spieler sollen besonders darauf achten, wie sie miteinander sprechen. Die Gespräche zwischen Kellner und Gästen müssen höflich sein. Die Spieler, die Gäste darstellen, sollen sich vorher überlegen, worüber sie sich während des Essens mit den anderen unterhalten könnten. Geben Sie den Gruppen ca. fünf Minuten Zeit zur Vorbereitung ihres Spiels. Fragen Sie nach dem Durchspielen, ob eine der Gruppen bereit ist, der ganzen Klasse ihr Rollenspiel vorzuführen.

Bemerkungen

Achten Sie darauf, dass die Kinder bei mehreren Durchgängen jeweils unterschiedliche Rollen übernehmen können. Reden Sie anschließend mit der Klasse über das Essengehen. Was gefällt oder missfällt den Kindern daran? Wo gehen sie am liebsten hin und warum?

Brummbär, lass uns rein!

Dieses Spiel bietet einen Einstieg zum Thema „Wut" und „Übellaunigkeit". Es kann aber auch dazu dienen, dass sich die Kinder Gemeinsamkeiten und Unterschiede zwischen Menschen bewusst machen.

Spielmaterial

Kein Material notwendig, aber genügend Spielfläche.

Spielverlauf

Ein Kind spielt den Brummbären und postiert sich an einem Ende des Raums. Die anderen Spieler stehen auf der Gegenseite und rufen dem Brummbären zu:

> *Bitte, Brummbär, lass uns rein,*
> *Versuch doch auch mal, nett zu sein!*
> *Ein trockenes Plätzchen wäre fein,*
> *Wir sind tropfnass an Arm und Bein.*

Der Brummbär antwortet darauf:

> *Ein bisschen nett kann ich schon sein, alle Kinder mit (einer bestimmten Eigenschaft) dürfen ... Schritte zu mir gehen.*

Dabei nennt er eine Eigenschaft: Z. B.: Alle Kinder, die eine Katze besitzen, deren Name ein „t" enthält, Schuhgröße 33 tragen, braune Augen haben usw. Gleichzeitig bestimmt er die Anzahl von Schritten, die diese Kinder vorwärts gehen dürfen. Der Brummbär darf so lange weiterspielen, bis ihn der erste Mitspieler erreicht, dann tauschen beide die Rollen und eine neue Runde beginnt.

Bemerkungen

Sprechen Sie mit den Kindern darüber, wie sie sich fühlen, wenn jemand böse auf sie ist. Was kann man tun, um sich selbst zu helfen und die Situation zu verbessern? Lassen Sie sie auch erzählen, worüber sie selbst sauer werden, aber erlauben Sie nicht, dass konkrete Namen anderer Kinder genannt werden.

Wer bin ich?

In diesem Spiel geht es darum, Körpersprache zu verstehen, um die Reaktionen der Mitspieler richtig deuten zu können.

Spielmaterial

Ein Stirnband, entweder aus elastischem Material oder mit Klettverschluss, und Kärtchen mit den Namen bestimmter Figuren, die am Stirnband eines Spielers befestigt werden, so dass er sie nicht lesen kann. Solche Figuren könnten sein: menschenfressender Tiger, Zahnfee, gereizter Bär, Riese oder Kätzchen.

Spielverlauf

Die Kinder sitzen im Kreis. Ein Spieler wird bestimmt, der das Stirnband tragen darf. Stecken Sie eins der Kärtchen unter dem Stirnband fest. Die anderen Mitspieler sollen nun in einer Weise reagieren, die dem Spieler in der Mitte Hinweise auf seine Identität geben. Er darf selbst Fragen stellen, die mit „Ja" oder „Nein" beantwortet werden, oder die anderen dürfen ihm etwas von sich aus dazu sagen, ohne dass der Begriff auf dem Kärtchen dabei ausgesprochen wird. Wer etwas beitragen möchte, hebt die Hand und wartet, bis er vom Spieler mit dem Stirnband aufgerufen wird. Wenn ein Spieler seine Identität richtig erraten hat, beginnt eine neue Runde mit einem neuen Ratenden.

Bemerkungen

Um Verzögerungen zu vermeiden, weisen Sie die Kinder vor dem Spiel am besten darauf hin, dass sie sich genau überlegen sollen, was sie sagen bzw. tun, bevor sie die Hand heben. Wenn der Ratende offensichtlich nicht mehr weiter weiß, können Sie ihn mit einem Extra-Hinweis weiterhelfen.

Kompromisse schließen

Dieses Spiel befasst sich mit Vermittlungs- und Kompromissfähigkeit. Es soll den Kindern zeigen, dass es statt eines Konflikts immer auch andere Möglichkeiten gibt.

Spielmaterial

Eine Aufzählung konfliktträchtiger Situationen auf einem Flipchart. Z.B.: Zwei Kinder wollen mit demselben Spielzeug spielen; zwei Kinder beschuldigen sich gegenseitig, einen Streit angefangen zu haben; drei Kinder wollen sich gleichzeitig drei verschiedene Sendungen im Fernsehen ansehen; ein Kind möchte gern bei zwei anderen Kindern mitspielen, eins davon ist einverstanden, das andere nicht; ein Schüler möchte dem Lehrer erzählen, dass ein Mitschüler einen anderen schikaniert, aber der schikanierte Schüler will das verhindern.

Spielverlauf

Teilen Sie die Kinder in Partnergruppen ein und geben Sie jedem Paar eine der Situationen zum Bearbeiten; sie sollen die Situation in einen Kontext stellen, damit deutlich wird, wie der Streit angefangen hat. Dann sollen sie versuchen, eine Lösung zu finden, die für alle Beteiligten möglichst fair und annehmbar ist. Rufen Sie die Partnergruppen nach etwa 15 Minuten Arbeitszeit wieder in den Kreis zurück und lassen Sie sie ihre Lösungen vorstellen und diskutieren. Fragen Sie die Kinder auch, warum Leute streiten und was am schwierigsten bei einer freundschaftlichen Einigung ist.

Bemerkungen

Geben Sie den Kindern den Tipp, beim Fernsehen einmal besonders darauf zu achten, worüber sich die Charaktere üblicherweise streiten. Führen Sie ein Gespräch zum Thema „Konfliktarbeit" mit der ganzen Klasse.

Klatschen und los!

Das ist ein schwungvolles Vor-und-Nachmach-Spiel. Jeder Spieler muss wachsam und reaktionsbereit bleiben, weil er nicht im Voraus weiß, wann er an die Reihe kommen wird.

Spielmaterial

Kein Material notwendig.

Spielverlauf

Die Kinder stehen im Kreis. Beginnen Sie das Spiel mit einer einfachen Aktion – kauern Sie sich beispielsweise nieder und berühren Sie mit den Händen den Boden. Alle klatschen zweimal, dann nennen Sie den Namen eines Mitspielers und deuten auf ihn. Dieser Spieler ahmt die vorgeführte Aktion nach, denkt sich einen neuen Bewegungsablauf aus und macht ihn vor. Wieder klatschen alle zweimal und der Spieler, der an der Reihe ist, wählt einen weiteren Mitspieler aus und so weiter. Alle Kinder müssen während des Spiels wachsam bleiben, da sich die Aktionen ständig ändern. Ziel ist es, einen ununterbrochenen Spielfluss beizubehalten; jeder Spieler muss nach dem Klatschen sofort einsatzbereit sein.

Bemerkungen

Je vertrauter die Kinder mit dem Spiel werden, desto mehr können Sie das Tempo steigern oder desto schwieriger können die Bewegungsabläufe werden.

Das Gute an dir

Bei diesem Spiel erhält jeder in der Klasse die Möglichkeit, positive Bewertungen zu geben und zu erhalten, dabei entsteht sowohl ein gutes Selbstwertgefühl wie auch ein gutes Gruppengefühl.

Spielmaterial

Pro Kind in Ihrer Gruppe eine Schere und eine Kopie mit zehn positiven Aussagen über eine Person. Beispiele dafür wären: Du bist immer freundlich; du hast ein nettes Lächeln; du bist sehr fleißig; du nimmst immer Rücksicht auf die anderen; du bist sehr ordentlich; du hast eine schöne Handschrift. Die Liste kann vorher in Gemeinschaftsarbeit zusammengestellt werden.

Spielverlauf

Jedes Kind erhält sein Arbeitsmaterial. Teilen Sie die Klasse in Sechsergruppen ein. Alle Gruppenmitglieder sollen den anderen Kindern in ihrer Gruppe jeweils eine positive Aussage zuordnen. Dazu werden die entsprechenden Sätze ausgeschnitten und verteilt. Die Kinder sollen ihre Entscheidungen nicht mit der Gruppe diskutieren, sondern allein treffen. Wenn jedes Kind alle Aussagen über sich erhalten hat, rufen Sie die Gruppen wieder in den Kreis zurück und lassen Sie jeden die Bewertungen vorlesen, die er bekommen hat. Fragen Sie, wie man sich fühlt, wenn man positive Bemerkungen über sich selbst liest. Welche Kinder haben ganz verschiedene Aussagen bekommen, welche mehrere gleiche?

Bemerkungen

Später ergibt sich vielleicht die Gelegenheit, die Kinder an diese Aktivität zu erinnern und damit an das Gefühl, etwas Positives über sich zu hören.

Spione und Jäger

In diesem spannenden Spiel müssen die Spieler versuchen, aus der Körpersprache und dem Verhalten ihrer Mitspieler Hinweise auf deren Identität zu erhalten.

Spielmaterial

Jeder Spieler erhält ein Kärtchen. Auf sechs Kärtchen steht ein „S" für „Spion", auf drei Kärtchen steht „J" für „Jäger", auf vier Kärtchen „L" für „Lockvogel" und der Rest der Kärtchen ist unbeschriftet.

Spielverlauf

Erklären Sie vor dem Spiel, was die Buchstaben bzw. leeren Kärtchen bedeuten und teilen Sie dann alle verdeckt aus. Keiner darf das Kärtchen vom anderen sehen, auch wenn nichts darauf steht. Die Spielfläche wird in zwei Hälften eingeteilt. Alle Spieler befinden sich anfangs in der einen Hälfte. Die Spione sollen es im Lauf des Spiels schaffen, das gegenüberliegende Ende des Raums zu erreichen, ohne von einem Jäger gefasst zu werden. Spione und Jäger haben die Aufgabe, ihre Identität zu verschleiern, indem sie sich nicht allzu auffällig benehmen. Wenn sich ein Spion unentdeckt fühlt, rennt er los, auf die gegenüberliegende Wand zu. Die Lockvögel sollen sowohl die Spione wie auch die Jäger durch ihr Verhalten täuschen; sie benehmen sich sehr offensichtlich entweder wie Jäger oder wie Spione, entweder beobachten sie in auffälliger Weise die anderen Mitspieler oder sie tun so, als ob sie eine günstige Gelegenheit zum Davonlaufen auskundschaften wollten. Die Lockvögel dürfen allerdings die eine Spielhälfte nicht verlassen und genauso wenig dürfen dies die Spieler, die ein leeres Kärtchen bekommen haben; sie mischen sich unter die anderen, ohne sich irgendwie irreführend zu verhalten. Wenn alle Spione einen Fluchtversuch gemacht haben, sammeln Sie die Kärtchen wieder ein und fangen eine neue Runde an.

Bemerkungen

Sprechen Sie mit den Kindern darüber, auf welche Hinweise durch Körpersprache und Verhalten sie geachtet haben, um Spione oder Jäger enttarnen zu können.

Weitere Aktivitäten

Gute Manieren

Sammeln Sie mit den Kindern Beispiele dafür, was sie für gutes Benehmen halten. Machen Sie jeweils eine der Verhaltensregeln in einer Woche zum Thema und belohnen Sie die Kinder, die sich wirklich anstrengen, die entsprechende Regel zu befolgen.

Anerkennungssystem für gutes Benehmen

Gestalten Sie einen Aushang, an dem für gute Manieren Punkte gesammelt werden können. Entweder Sie vergeben die Punkte nach eigener Beobachtung oder auch für Belobigungen von anderen Erwachsenen. Achten Sie darauf, dass im Lauf der Zeit alle Kinder auf diese Weise eine Anerkennung erhalten.

Mein Tag

Widmen Sie jedem Kind einen „eigenen" Tag, damit es die Gelegenheit bekommt, einmal positive Beachtung zu finden.

Stuhlkreis

Nutzen Sie Stuhlkreis-Zeiten, um gutes Benehmen zu fördern und einzelnen Schülern, die damit Schwierigkeiten haben, die Unterstützung der Gruppe zu sichern.

Extra-Belohnung

Stellen Sie Kindern, die sich sehr um gutes Benehmen und Rücksichtnahme gegenüber anderen bemüht haben, eins von mehreren Belohnungsangeboten zur Auswahl.

Über andere nachdenken

Strategien für den Umgang mit Wut

Besprechen Sie mit den Kindern, welche hilfreichen Strategien zur Selbstbeherrschung es gibt – z. B. langsam bis zehn zählen oder an ein positives Erlebnis denken.

Teamarbeit

Die Spiele in diesem Abschnitt vermitteln den Kindern, welche Vorteile es hat, wenn sie mit anderen zusammenarbeiten. Sie erkennen, dass sie durch die Bündelung ihrer geistigen und körperlichen Fähigkeiten ein Ziel gemeinsam leichter und effizienter als allein erreichen können. Gleichzeitig werden sie merken, dass es angenehm sein kann, im Beisein anderer zu arbeiten.

Zwei Hände

Das ist eine ruhige, entspannende Aktivität, die den Kindern die Möglichkeit gibt, ihre Vorstellungen mit einem Partner zu diskutieren.

Spielmaterial

Papier und Stifte.

Spielverlauf

Teilen Sie die Kinder in Zweiergruppen ein; jede Gruppe benötigt zwei Blätter Papier und zwei Stifte. Die Spieler legen ihre beiden Hände mit den Handflächen nach unten und gespreizten Fingern auf ein Blatt, und der Partner zeichnet die Umrisse nach. In die Umrisse der (eigenen) Finger schreibt dann jedes Kind Einzelheiten über sich – z.B. Name, Alter, Geschwister, Haustiere, Berufswunsch, Lieblingsfarbe, Lieblingsbeschäftigung, Lieblingsfilm oder einen Ort, an dem es gern mit Spielkameraden einen Tag verbringen würde.

Bemerkungen

Sie können entweder ein Modell auslegen, so dass sich alle Ergebnisse ähneln oder mögliche Eintragungen vorher mit den Kindern besprechen und während der Aktivität von den Gruppen daraus die gewünschten auswählen lassen.

Partner-Aufzug

Dieses Spiel basiert auf Kooperation und Vertrauen zwischen den Partnern. Jedes Kind muss sich gleichermaßen anstrengen, um ein Ergebnis zu erzielen.

Spielmaterial

Kein Material notwendig.

Spielverlauf

Die Partner stehen Rücken an Rücken und haken sich in dieser Stellung unter. Sie versuchen, sich beide gleichzeitig langsam hinzusetzen, ohne die Arme ihres Partners loszulassen. Wenn das gelungen ist, probieren sie, ebenso vorsichtig wieder aufzustehen.

Bemerkungen

Die Partner in diesem Spiel sollten etwa die gleiche Größe haben. Warnen Sie die Kinder vorher, dass sie hinfallen und sich verletzen können, wenn sie während des Hinsetzens und Aufstehens Unsinn machen.

Zu wem gehöre ich?

Bei diesem schnellen, vergnüglichen Wettbewerbsspiel kommt es auf Konzentration und Kooperation an.

Spielmaterial

Ein Satz Spielkarten.

Spielverlauf

Jeder Spieler erhält eine Spielkarte; jede Farbe muss mit gleich vielen Karten vertreten sein. Erklären Sie den Kindern, dass sie sofort nach Erhalt ihrer Karten schweigend alle anderen Mitspieler mit einer Karte in derselben Farbe ausfindig machen sollen. Sobald die Gruppe vollzählig beisammen ist, muss sie sich der Größe nach in einer Reihe aufstellen, das kleinste Kind steht vorne, das größte hinten. Zum Zeichen dafür, dass sie fertig sind, setzen sich alle Gruppenmitglieder in dieser Anordnung auf den Boden. Die Gruppe, die am schnellsten in der richtigen Ordnung sitzt, hat gewonnen.

Bemerkungen

Wenn Sie keine gleich großen Gruppen zusammenbekommen, können Sie einige Kinder als Spielbegleiter bestimmen, die das Spiel überwachen. In jeder neuen Runde tauschen Spielbegleiter und Spieler die Rollen und die Karten werden neu gemischt und ausgeteilt.

Künstler

Hier tauschen die Kinder kreative Ideen aus und gestalten ein Fantasiebild aus verschiedenen Formen.

Spielmaterial

Papier und Stifte und pro Gruppe ein fotokopiertes Formenblatt (s. S. 163).

Spielverlauf

Teilen Sie die Klasse in Zweierteams oder kleine Gruppen ein; jede Gruppe bekommt Papier, Stifte und ein Formenblatt. Sie sollen daraus ein Bild gestalten, in dem alle Formen vorkommen. Dabei dürfen sie den Formen etwas hinzufügen, sie aber in keiner anderen Weise verändern. Zusätzlich dürfen die Kinder auch eigene Ideen in das Bild einfließen lassen. Geben Sie den Gruppen zehn Minuten Arbeitszeit und rufen Sie sie dann in den Kreis zurück.

Bemerkungen

Eine andere Möglichkeit ist, den Kindern nur eine der Formen zu geben und sie experimentieren zu lassen, was sie alles daraus gestalten können.

Von wem rede ich?

Dieses Spiel bringt die Kinder zum Nachdenken und Diskutieren, während sie als Teams zusammenarbeiten.

Spielmaterial

Papier und zwei Stifte.

Spielverlauf

Die Gruppe wird in zwei Mannschaften eingeteilt. Jedes Team sucht sich eine Stelle im Raum, wo es sich besprechen kann, ohne von den anderen gehört zu werden. Dann wählen die Mannschaften einen Schreiber, der die Namen aller Mannschaftsspieler auflistet. Jeder Spieler berichtet etwas Interessantes über sich, der Schreiber notiert die Informationen neben den dazugehörigen Namen. Es könnte sich um ein ungewöhnliches Hobby oder Besitzstück handeln, um einen interessanten Besichtigungsort oder um eine Besonderheit in ihrem Zuhause. Erklären Sie den Kindern, dass es eine Einzelheit sein soll, die nicht schon jeder kennt. Rufen Sie dann die Mannschaften zusammen. Ein Spieler fängt damit an, drei Namen seiner Teamkollegen zu nennen und dann zu sagen: „Einer dieser Personen ...". Dabei nennt er die Information, die zu dieser Person aufgeschrieben wurden. Die Spieler des anderen Teams müssen entscheiden, von welchem der drei genannten Spieler die Rede ist. Wenn ihnen das gelingt, bekommen sie einen Punkt. Die Mannschaften und die vortragenden Spieler wechseln sich dabei ab.

Bemerkungen

Bitten Sie die Mannschaften, den Mitspielern, die nicht gleich etwas Besonderes über sich zu sagen wissen, hilfreiche Anregungen zu geben.

Geschätzte Zeit

Bei diesem Spiel kooperieren die Kinder, um zu einer realistischen Einschätzung zu kommen, wer von den Mitspielern am ehesten den Durchschnitt der Gruppe repräsentiert.

Spielmaterial

Zwei Stoppuhren, Papier und zwei Stifte. Außerdem genügend Spielfläche, um sich darin frei zu bewegen.

Spielverlauf

Teilen Sie die Gruppe in zwei Mannschaften ein. Beide Teams stehen an einem Ende des Raums. Erklären Sie den Kindern, dass jede Mannschaft einen Spieler auswählen soll, der beim Laufen am ehesten ihrem Durchschnitt entspricht. Weder der langsamste noch der schnellste ist gefragt, denn am Ende geht es darum, die Gesamtlaufzeit der eigenen Mannschaft richtig einzuschätzen. Sagen Sie den Kindern nachdrücklich, dass es nicht um ein Wettrennen zwischen den beiden ausgewählten Spielern geht, die einmal zur gegenüberliegenden Wand und einmal zurück laufen sollen. Ihre Zeiten werden gestoppt und anhand dieser Werte soll jede Mannschaft schätzen, wie viel Gesamtzeit alle ihre Spieler nacheinander zum Laufen brauchen werden. Die geschätzte Zeit beider Teams wird notiert. Verwenden Sie für jede Mannschaft eine eigene Stoppuhr. Der Lauf eines Spielers gilt als beendet, wenn er sich bei seiner Gruppe auf den Boden setzt. Es gibt einen Punkt, wenn eine Mannschaft mit ihrer geschätzten Laufzeit auskommt und einen Zusatzpunkt für die Mannschaft, die ihrer Schätzung am nächsten gekommen ist.

Bemerkungen

Nach diesem Prinzip können Sie auch die Zeit für andere Tätigkeiten schätzen lassen; z. B. ein richtiges Wettrennen, hüpfen, rückwärts laufen, zwanzig weite Sprünge, eine Gymnastikübung oder etwas zusammenbauen.

Pusteball

Um dieses Spiel zu gewinnen, müssen die Kinder gut kooperieren.

Spielmaterial

Ein aufgeblasener Luftballon und eine Schnur oder ein Stück Kreide zum Ziehen der Trennlinie. Außerdem eine genügend große Spielfläche.

Spielverlauf

Bilden Sie zwei Mannschaften, die sich in vier Metern Abstand in einer Reihe gegenüberstehen. Dazwischen zeichnen Sie eine Trennlinie mit Kreide oder legen die Schnur aus. Gespielt wird auf Händen und Knien. Der Luftballon liegt anfangs auf der Mittellinie. Links und rechts von der Mittellinie ziehen Sie in jeweils ein Meter Abstand zwei weitere Linien (oder legen sie mit Schnur aus); sie markieren die Spielfelder der Mannschaften, die während des Spiels nicht verlassen werden dürfen. Die Spieler eines Teams müssen zusammenarbeiten, um den Luftballon in das Spielfeld der Gegner pusten zu können. Nach einer Minute stoppen Sie das Spiel. Dann darf kein Spieler mehr den Ballon anblasen, sonst bekommt die gegnerische Mannschaft einen Punkt gutgeschrieben. Das Team, das zum Zeitpunkt des Stopps den Ball ins Feld der Gegner pusten konnte, bekommt einen Punkt. Nach einer kurzen Ruhezeit kann die zweite Spielrunde beginnen.

Bemerkungen

Lassen Sie die Kinder vor jeder neuen Runde in ihre Anfangspositionen zurückkehren, denn während des Spiels werden sie sich immer weiter nach vorn schieben. Kein Spieler darf die Trennlinien überqueren.

Aale gehen auf die Jagd

Dieses schnelle und aktive Spiel macht großen Spaß. Dabei lernen die Kinder, wie sie zusammen agieren müssen, um ihre Mannschaft zu vergrößern.

Spielmaterial

Kein Material notwendig, aber genügend Spielfläche zum Herumlaufen.

Spielverlauf

Teilen Sie Ihre Gruppe in drei gleich große Mannschaften ein, die sich jeweils in einer Reihe hintereinander aufstellen, sich mit den Händen an der Taille fassen und sich an verschiedenen Stellen im Raum postieren. Wenn es mit der Zahl nicht genau ausgeht, können einige Kinder zeitweise als Zuschauer teilnehmen; dann wird pro Runde durchgewechselt. Erklären Sie, dass die Mannschaften Aale darstellen und größer werden wollen, indem sie Mitspieler anderer Teams „verschlingen". Das geht so: Der erste Spieler jeder Reihe versucht, den letzten Spieler einer anderen Mannschaft zu erreichen und legt seine Hände um dessen Taille. Der „gefressene" Spieler muss nun seinen Vordermann loslassen und spielt als „Kopf" der gegnerischen Mannschaft mit. Eine Mannschaft muss also gleichzeitig versuchen, ihre Spielerzahl zu vergrößern und ihren eigenen „Schwanz" vor den anderen zu schützen. Stoppen Sie das Spiel nach einigen Minuten und schauen Sie nach, welcher der längste Aal ist. Für die neue Spielrunde werden die Teams neu gemischt.

Bemerkungen

Zu Beginn der Spielstunde können Sie den Mannschaften fünf Minuten Zeit geben, um ihre Fortbewegungsweise zu koordinieren. Sprechen sie nach dem Spiel mit den Kindern über die Taktik, die sie angewendet haben und wie sie dabei zusammengearbeitet haben.

Sternenfänger

Das ist ein sehr lebendiges Spiel, in dem die Kinder durch Zusammenarbeit ihre Ziele erreichen können.

Spielmaterial

Kein Material notwendig, aber eine große Spielfläche zum Herumlaufen.

Spielverlauf

Erklären Sie den Kindern, dass sie einzelne Sternchen darstellen, die am Nachthimmel wandern. Ein Kind wird zum Sternenfänger gewählt. Der Sternenfänger steht in der Raummitte, die Sternchen umkreisen ihn. Nach einer gewissen Zeit rufen Sie: „Sternchen zum Stern, 1, 2, 3, 4, 5!" Sofort sollen sich dann Fünfergruppen bilden: Fünf Spieler bilden einen Kreis, fassen sich in der Mitte jeweils an der linken Hand und strecken ihre rechte Hand nach außen als Sternzacken. Gleichzeitig, sobald Sie Ihr Kommando gegeben haben, darf der Sternenfänger versuchen, einzeln herumlaufende Sternchen zu fangen, indem er sie an der Schulter packt. Dazu hat er Zeit, solange Sie ein zweites Mal bis fünf zählen. Gefangene Sternchen werden in der nächsten Spielrunde selbst zu Sternenfängern. Die Sternenfänger arbeiten zusammen, um einzelne Sternchen in die Enge zu treiben und die Fünfergruppen arbeiten zusammen, um die Sternfänger abzulenken.

Bemerkungen

Durch eine Verkürzung oder Verlängerung der Aktionszeiten können Sie entweder den Sternenfängern oder den Sternchen helfen.

Innenarchitekten

Die Kinder arbeiten zusammen und bringen ihre Erfahrungen und ihre Fantasie ein, um sich eine praktische und ansprechende Klassenzimmereinrichtung auszudenken.

Spielmaterial

Dieses Projekt kann in zwei- oder dreidimensionaler Form gestaltet werden. Sie benötigen geeignetes Papier, Farben, Kartonschachteln und anderes Material, je nachdem, für welche Gestaltungsform Sie und Ihre Gruppe sich entscheiden.

Spielverlauf

Teilen Sie Dreier- oder Vierergruppen ein. Kündigen Sie an, dass die Kinder in Gruppenarbeit ihr Wunschklassenzimmer entwerfen sollen. Sie können dabei sowohl die Raumform als auch die Farben und Einrichtungsgegenstände wie etwa Sitzgelegenheiten und Arbeitsflächen selbst bestimmen. Diskutieren Sie vor dem Beginn der Gruppenarbeit mit der ganzen Klasse über die praktischen Notwendigkeiten, die in der Planung berücksichtigt werden sollten. Geben Sie den Gruppen ausreichend Zeit, über das Projekt und ihre Vorgehensweise zu diskutieren. Auch für die Verwirklichung ihrer Ideen sollte genügend Zeit zur Verfügung stehen. Danach stellen die Gruppen ihre Entwürfe vor und erläutern ihre Gestaltungsideen.

Bemerkungen

Einen vergnüglichen Abschluss bildet die Frage, wie ein Klassenzimmer wohl in fünfzig Jahren aussehen wird. Ermuntern Sie die Kinder zu fantasievollen und ausgefallenen Antworten.

Weitere Aktivitäten

Tierkönig

Bilden Sie Fünfer- oder Sechsergruppen. Nennen Sie jeder Gruppe ein Tier, von dem diese behaupten sollen, es sei das beste Tier der Welt. Dazu überlegen sie sich Begründungen. Die Gruppen können Informationen aus Büchern oder dem Internet verwenden. Geben Sie ihnen danach Gelegenheit, ihre Erkenntnisse auszutauschen.

Wortskulptur

Teilen Sie Ihre Gruppe in drei Mannschaften ein. Rufen Sie dann einfache Wörter wie „Hund" oder „Baum". Die Gruppen sollen nun entweder die Buchstaben dieser Wörter oder aber den Wortinhalt durch Körperskulpturen darstellen. Dieses Spiel können Sie auch als Schnelligkeitswettbewerb spielen.

Wappenmaler

Die Kinder dürfen für sich oder für ihre Gruppe ein Wappen entwerfen. Besprechen Sie vorher, welche Eigenschaften ihnen wünschenswert vorkommen und mit welchen Symbolen sie diese Eigenschaften darstellen könnten, z. B. könnte eine Biene für „Fleiß" stehen und ein Fels für „Verlässlichkeit".

Teamquiz

Bilden Sie Mannschaften, in denen Sie leistungsstärkere und leistungsschwächere Kinder mischen. Jedes Team entwirft ein Quiz mit Fragen, die dem eigenen Wissensstand entsprechen, für die anderen. Besprechen Sie vorher, zu welchen Bereichen sie Fragen stellen könnten, wie z. B. zu Büchern oder Popstars.

Gruppenwettkampf

Denken Sie sich Aufgaben aus, die Gruppen als Wettkampf ausführen können; z.B. ein Puzzle zusammensetzen, aus einer festgelegten Anzahl von Gegenständen eine Hindernisbahn bauen oder etwas Neues aus Abfallmaterial gestalten.

Kommunikationsfertigkeiten

In diesem Abschnitt werden Hör- und Sprechfertigkeiten zu Aktivitäten kombiniert, die vor allem richtiges und rechtzeitiges Reagieren erfordern.

Die dabei erlernten Fertigkeiten sind für Kinder wichtig, weil sie ihnen helfen, Situationen richtig einzuschätzen und sich in sozial angemessener Weise zu verhalten.

Lückenalphabet

In diesem Spiel müssen die Kinder gut zuhören und sich konzentrieren. Wenn sie nicht ganz bei der Sache sind, können sie nicht richtig reagieren und scheiden aus.

Spielmaterial

Kein Material notwendig.

Spielverlauf

Die Kinder sitzen im Kreis. In der ersten Runde sagt jedes Kind der Reihe nach einen Buchstaben des Alphabets. Gespielt wird im Uhrzeigersinn. Wenn sie mit dem Alphabet fertig sind, sollen sie noch einmal von vorn beginnen, dabei aber einige Buchstaben auslassen. Welche und wie viele, hängt von Alter oder Leistungsstand der Kinder ab – z. B. sollen alle Vokale übersprungen werden. Sprechen Sie vorher mit den Kindern darüber, durch welche Erinnerungshilfen sie sich diese Buchstaben am besten einprägen könnten. Die „verbotenen" Buchstaben werden einfach übersprungen und der nächste im Alphabet wird genannt. Spieler, die etwas falsch machen, scheiden aus. Die neue Spielrunde beginnt dann ohne sie mit anderen Buchstabenlücken. Das Spiel dauert so lange, bis ein Sieger übrig bleibt.

Bemerkungen

Variieren Sie die Schnelligkeit des Spiels den Fähigkeiten der Kinder entsprechend.

Kaufladen-Spiel

Hierbei wird den Kindern in Form eines Spiels gezeigt, wie man höflich etwas verlangt.

Spielmaterial

Kärtchen mit Bezeichnungen für verschiedene Läden (s. S. 164).

Spielverlauf

Die Kinder sitzen im Kreis. Wenn Sie glauben, dass es nötig ist, gehen Sie mit ihnen verschiedene Arten von Läden und deren Warenangebot durch. Legen Sie mit den Kindern fest, dass im Rahmen dieses Spiels ein Geschäft nur Waren verkauft, die im Geschäftsnamen genannt sind – beispielsweise verkauft der Juwelier nur Schmuck und Uhren, aber keine Sportgeräte usw. Ein Spieler wird als Ladeninhaber ausgewählt, er sucht sich eins der Kärtchen aus, das nur er lesen darf. Der Ladenbesitzer steht in der Kreismitte. Ein Spieler nach dem anderen spielt einen Kunden, der hereinkommt, um etwas zu kaufen und fragt: „Könnte ich bitte ... haben?" Wenn der gewünschte Artikel nicht zum Sortiment gehört, antwortet der Ladeninhaber: „Es tut mir Leid, aber ich verkaufe kein(e) ..." Der Kunde darf zwei weitere Waren verlangen, um erraten zu können, in welcher Art von Laden er sich befindet. Wenn der verlangte Artikel im Angebot des Geschäfts ist, antwortet der Händler: „Ja, bitte sehr." und überreicht ihn pantomimisch. Nach drei gelungenen Käufen müssen alle anderen Mitspieler raten, um welches Geschäft es sich handelt. Sie haben drei Versuche, wenn alle fehlschlagen, verrät der Ladeninhaber die Lösung und eine neue Spielrunde mit einem neuen Händler beginnt.

Bemerkungen

Lassen Sie keine verfrühten Rateversuche aufs Geratewohl zu. Erst nach drei abgeschlossenen Käufen darf geraten werden.

Wie sag' ich's bloß?

In dieser Aktivität geht es um die unterschiedliche Sprechweise, die wir bei verschiedenen Personen anwenden. Es wird den Kindern Vergnügen machen, ihre Sprechweise auszuwählen.

Spielmaterial

Eine Aufzählung unterschiedlicher Personentypen, die Sie entweder zusammen mit den Kindern erarbeiten oder vorgeben. Beispiele dafür wären: ein Kleinkind, ein Clown, eine ältere Person, ein Künstler, ein Polizist, ein Freund oder ein Nachbar.

Spielverlauf

Die Kinder sitzen im Kreis. Erklären Sie ihnen, dass sie sich vorstellen sollen, sie wären in ihrem Garten und jemand käme herein und wollte ihren Ball mitnehmen. Dem Sinn nach sollen sie so etwas sagen wie: „Entschuldigen Sie, ich glaube, Sie haben meinen Ball genommen. Kann ich ihn bitte zurückhaben?" Nehmen Sie einen der aufgeführten Charaktere als Beispiel und spielen Sie mit einem Kind durch, wie es diese Person ansprechen würde. Diskutieren Sie mit der ganzen Gruppe darüber, ob sie mit diesem Versuch einverstanden sind. Wenn nicht, fragen Sie nach dem Grund. Wenn aber alle zustimmen, fragen sie im Chor auf die vorgeführte Weise nach dem Ball. Dann beginnt eine neue Runde mit einem neuen Charakter.

Bemerkungen

Lassen Sie die Kinder überlegen, wie sie „Würden Sie mich bitte allein lassen, damit ich in Ruhe weiterlesen kann?" zu einem feuerspeienden Drachen sagen würden.

Situationsspiel

In diesem Spiel bringen die Kinder ihre Erfahrungen ein, während sie sich über ihr Sprachhandeln in einer bestimmten Situation Gedanken machen.

Spielmaterial

Eine Auflistung unterschiedlicher Alltagssituationen auf einem Flipchart; Beispiele dafür wären: ein Tier zum Tierarzt bringen, einen Arzt aufsuchen, zum Friseur gehen, ein Buch kaufen oder in einem Restaurant Essen bestellen.

Spielverlauf

Bilden Sie Dreier- oder Vierergruppen. Jede Gruppe erhält eine der vorgegebenen Situationen zur Bearbeitung. Sie soll eine kurze Alltagsszene zu ihrem Thema entwerfen, in der alle Gruppenmitglieder eine Rolle spielen. Dabei soll sie besondere Aufmerksamkeit auf die Dialoge legen, um die Szene realistisch zu machen. Wenn die Gruppen mit dem Durchspielen fertig sind, dürfen sie ihre erarbeiteten Szenen den anderen vorführen.

Bemerkungen

Fragen Sie die Kinder, woher sie wussten, was die verschiedenen Charaktere normalerweise sagen würden und reden Sie mit ihnen darüber, wie wir Informationen durch Gespräche mit anderen, beim Lesen und durch die Beobachtung anderer aufnehmen.

Wo ist das Versteck?

Gute kommunikative Fertigkeiten beinhalten auch die Fähigkeit, anderen genau zuzuhören. Diese Fähigkeit wird im folgenden Spiel thematisiert.

Spielmaterial

Definieren Sie bis zu acht verschiedene Stellen im Raum als bestimmte Gebiete, z. B. „Wald", „Strand", „Berg", „Seeufer", „Park" oder „Dschungel" usw. Die Spielfläche soll groß genug sein, dass die Kinder herumlaufen können.

Spielverlauf

Die Kinder tun so, als ob sie in der Mitte des Raums spielen würden, und Sie sprechen den folgenden Reim:

> *Eines Tages spielten Kinder an diesem Ort.*
> *Da kam plötzlich ein Monster und jagte sie fort.*
> *„Wo verstecken wir uns?", riefen sie auf der Flucht.*
> *„Im/am/auf dem ...", sprach der Lehrer, „wo euch keiner sucht."*

Sobald Sie eines der definierten Gebiete nennen, laufen alle Spieler zu dieser Stelle. Die letzten beiden, die dort ankommen, scheiden aus. Spielen Sie so viele Runden mit verschiedenen Versteckorten, bis ein Sieger übrig bleibt.

Bemerkungen

Wahrscheinlich wollen die Kinder den Reim gern mitsprechen, sobald sie ihn auswendig können. In dem Moment, wenn Sie das Versteck nennen, müssen sie aber alle still sein, damit jeder die gleiche Chance hat, Sie zu hören.

Fang den Fuchs!

Auch bei diesem Spiel ist genaues Zuhören wichtig. Ein Spieler, der zu langsam reagiert, kann gefangen werden.

Spielmaterial

Eine Geschichte, ein Gedicht oder verschiedene Anweisungen. Außerdem eine genügend große Spielfläche zum Herumlaufen.

Spielverlauf

Teilen Sie die Kinder in Dreiergruppen ein. Wenn die Spielerzahl nicht aufgeht, sind ein oder zwei übrige Spieler die Jäger; wenn die Zahl aufgeht, wird eine Gruppe zu Jägern bestimmt. Die Jäger stellen sich an den Seiten auf, die Füchse in der Mitte. Ein Spieler einer Dreiergruppe ist jeweils ein Fuchs und die beiden anderen schließen ihn mit ihren Armen ein und stellen so den Fuchsbau dar. Nun lesen Sie ihren ausgewählten Text vor und streuen immer wieder die Schlüsselwörter: „Fuchs auf Streifzug" ein. Sobald Sie das sagen, müssen alle Füchse ihren Bau verlassen und sich einen neuen suchen. Währenddessen versuchen die Jäger, Füchse außerhalb eines Baus zu fangen, indem sie sie an der Schulter abklatschen. In der neuen Spielrunde werden die Rollen gewechselt.

Bemerkungen

Sprechen Sie mit den Kindern darüber, was man alles durch Zuhören erfahren kann.

Was weiß ich über dieses Tier?

Dieses Spiel regt die Kinder dazu an, ihre Gedanken in Worte zu fassen und den anderen mitzuteilen.

Spielmaterial

Kein Material notwendig.

Spielverlauf

Die Kinder sprechen zusammen den folgenden Reim:

> *Wir sind heut im Zoo und wollen hier*
> *Etwas erfahren über jedes Tier.*
> *Wir schaun uns gut um und dann wissen wir*
> *Bestimmt viel mehr über jedes Tier.*

Daraufhin nennen Sie ein Tier und lassen sich von den Kindern Informationen darüber geben. Wenn Sie beispielsweise eine Schlange aussuchen, könnten die Kinder etwa folgendes dazu sagen:

> *Ich bin eine Schlange und ich kann mich am Boden schlängeln.*
> *Ich bin eine Schlange und ich habe eine Schuppenhaut.*
> *Ich bin eine Schlange und ich kann zischen.*
> *Ich bin eine Schlange und ich bin gelb und schwarz.*

Nachdem einige Kinder formuliert haben, was sie wissen, sprechen alle den Reim noch einmal, und Sie nennen ein anderes Tier.

Bemerkungen

Sie können sich auch von den Kindern Tiere vorschlagen lassen.

Die Arche Noah

In diesem Spiel tauschen die Kinder Ideen miteinander aus.

Spielmaterial

Eine Aufzählung der Tiere, die zu Noah kommen, festgehalten auf einem Flipchart.

Spielverlauf

Gehen Sie vorher mit den Kindern die Aufzählung durch und lassen Sie sie Vorschläge machen, welches Tier man auf welche Weise pantomimisch darstellen könnte, z. B.:

Ein Affe: Die Knie beugen, das Hinterteil nach hinten strecken und die Arme baumeln lassen.
Ein Elefant: Mit einem Arm vor dem Gesicht herumwedeln und so den Rüssel darstellen.
Eine Giraffe: Die Arme so weit wie möglich in die Höhe strecken.
Eine Schlange: Sich auf den Boden legen.

Ein Spieler spielt Noah. Er geht ans andere Ende des Raums und dreht seinen Mitspielern den Rücken zu. Dort fordern Sie die anderen auf, sich ein Tier auszusuchen. Wenn alle ihre Wahl getroffen haben, rufen sie nacheinander Noah zu:

Noah, es regnet ganz fürchterlich:
lass uns in die Arche, wir bitten dich!

Jeder Spieler stellt das gewählte Tier pantomimisch dar und Noah muss versuchen, das gemeinte Tier zu erraten. Die Spieler, die erfolgreich waren, dürfen eine von Noah bestimmte Anzahl von Schritten vorwärts gehen. In der nächsten Spielrunde bleibt jeder Spieler an Ort und Stelle und sucht sich ein anderes Tier aus. Der Spieler, der Noah als Erstes erreicht, wird für das nächste Spiel der neue Noah.

Bemerkungen

Achten Sie während des Spiels darauf, dass niemand Noahs Rateversuch für richtig erklärt, nur um weiterzukommen.

Den richtigen Ton treffen

Diese Aktivität lenkt die Aufmerksamkeit der Kinder auf die Tatsache, dass wir mit anderen Leuten, abhängig von ihrer Stellung und der Sprechsituation, auf unterschiedliche Weise sprechen.

Spielmaterial

Ein Flipchart und ein Stift.

Spielverlauf

Notieren Sie Gesprächspartner der Kinder auf einem Flipchart. Die Kinder sollen sie zwei Spalten zuordnen – eine Spalte für Leute, mit denen sie sich formell unterhalten würden; etwa Lehrer, Ärzte, Polizisten oder Geschäftsleute und die zweite Spalte für Menschen, mit denen sie sich ungezwungen unterhalten würden; wie z. B. Freunde, Familienmitglieder oder andere Kinder. Untersuchen Sie mit den Kindern die Ursachen für diesen Unterschied im Verhalten. Fragen Sie, woher sie wissen, mit welcher Person sie in welcher Weise sprechen sollen und was passieren könnte, wenn sie dabei etwas falsch machen.

Bemerkungen

Vielleicht führt dieses Thema zu einer Diskussion über angemessenes Verhalten in verschiedenen Situationen und über Möglichkeiten, richtiges Verhalten zu lernen.

Kartentrio

Dieses vergnügliche Spiel regt die Kinder zu effektiver Kommunikation an, um die anderen Mitglieder ihres Trios aufzuspüren.

Spielmaterial

Trio-Karten (s. S. 165).

Spielverlauf

Erklären Sie den Kindern, dass Sie gemischte Karten austeilen werden, von denen immer drei zusammengehören. Eine der drei Karten nennt ein Lebewesen oder einen Gegenstand, die beiden anderen enthalten eine Aussage dazu. Kein Spieler darf seine Karte herzeigen. Jeder Spieler soll nun versuchen, die beiden anderen Mitglieder seines Trios durch gezielte Fragen zu finden. Wenn sich ein Spielertrio gefunden hat, setzt es sich auf den Boden.

Bemerkungen

Klären Sie vor dem Spiel mit den Kindern, welche Art von Fragen ihnen weiterhelfen könnten. Nachdem die Spieler ihre Karten erhalten haben, sollen sie sich etwa eine Minute lang geeignete Fragen überlegen, bevor sie herumgehen.

Weitere Aktivitäten

Minutenvortrag

Die Kinder sollen eine Minute lang zu einem bestimmten Thema sprechen. Sie können dabei entweder etwas über sich selbst erzählen oder über ein Thema, das sie interessiert, berichten.

Fünf Informationen

Bilden Sie Zweier- oder Dreiergruppen. Die Gruppen sollen mit Hilfe von Büchern oder Internet, je nachdem, was ihnen zur Verfügung steht, fünf interessante Informationen zu einem aus mehreren von Ihnen vorgegebenen Themen (z. B.: über ein Tier), herausfinden.

Kommunikationsarten

Denken Sie sich ungewöhnliche Methoden aus, um mit den Kindern zu kommunizieren. Z. B.: per Morsezeichen, mit Symbolen, Flaggenzeichen oder Rauchsignalen.

Geheimschriften

Die Kinder dürfen sich in Partnerarbeit Geheimschriften ausdenken und sich darin Briefe schreiben. Stellen Sie ihnen einige Möglichkeiten vor. Z. B.: Buchstaben durch Zahlen ersetzen, andere Schriftzeichen erfinden oder Buchstaben verschieben.

Quasselstrippen

Jedes Kind bereitet einen Monolog über ein selbst gewähltes Thema vor. Stoppen Sie die Zeiten, um zu sehen, wer am längsten über ein Thema sprechen kann, ohne sich zu wiederholen oder eine Pause zu machen.

Klassenshow

Die Kinder dürfen eine Show planen, in der jeder irgendeine Rolle spielt. Sie können, je nach Wunsch und Fähigkeiten, etwas vorlesen oder vorsingen usw. Kinder, die nichts vorspielen wollen, dürfen als Ansager fungieren.

Wir lernen fürs Leben

Dieser Abschnitt befasst sich mit einer Reihe sozialer Fertigkeiten, die für die Kinder außerhalb der Schule bzw. der Gruppe, die Sie leiten, wichtig werden. Einige davon betreffen die individuelle Kompetenz als Hilfe zur Selbständigkeit, andere sind für den Aufbau positiver Beziehungen notwendig.

Ferien

Die folgenden vier Spiele drehen sich um das Thema „Ferien". Das erste erfordert die Kooperation der Gruppe und die Fähigkeit zu planen.

Spielmaterial

Sie benötigen dazu vier Poster mit ausgeschnittenen Fotos aus Zeitschriften oder Reiseprospekten. Das erste Poster wirbt für ein Luxushotel in einer Waldlandschaft, das „Hirschwald-Hotel", das sich ideal für Entspannung und erholsame Wanderungen eignet. Der zweite Ferienort, „Klippenparadies", ist eine Siedlung von Ferienhäusern und bietet einen aktionsreichen Sporturlaub mit Freizeitaktivitäten wie Felsenklettern, Seilklettern, Reiten usw. Der dritte Ferienaufenthalt heißt „Spielpalast" und ist ein Campingplatz mit vielen Vergnügungseinrichtungen wie Spielhallen, Schwimmbädern, Ladenmeile, Schnellrestaurants usw. Das vierte Urlaubsziel nennt sich „Seeblick" und ist ein Badeort am Meer mit Sandstränden, blauen Badebuchten und Fremdenpensionen.

Spielverlauf

Bilden Sie Gruppen mit vier bis sechs Kindern. Jede Gruppe repräsentiert eine Familie, die dabei ist, sich für einen Urlaubsort zu entscheiden. Stellen Sie Ihre Poster vor und besprechen Sie mit allen Kindern, was sie an den verschiedenen Orten vorfinden werden und welche Freizeitaktivitäten angeboten werden. Jede Gruppe trifft dann eine Entscheidung über ihren Urlaubsort. Daraufhin müssen sie eine Liste von allen Sachen anlegen, die mitgenommen werden sollen. Sie sollten auch die Organisation ihres Reisewegs planen, z. B. ob sie vorher ein Taxi bestellen müssen, um zum Bahnhof zu kommen oder ob sie für ihren PKW eine Sonderausrüstung wie z. B. einen Dachgepäckträger brauchen usw. Wenn die Gruppen ihre Urlaubsplanungen abgeschlossen haben, kehren sie in den Kreis zurück und diskutieren mit den anderen ihre Überlegungen.

Bemerkungen

Sprechen Sie mit den Kindern über vergangene Ferien. Was hat ihnen an einer Urlaubsreise am meisten gefallen? Wie sehen Reisevorbereitungen in ihrer Familie aus?

Kofferpacken

Das ist ein Mannschaftsspiel, das Spaß macht und den Ordnungssinn fördert.

Spielmaterial

Drei möglichst gleiche Verpackungskartons (vom Supermarkt) mit Deckeln. Als Deckel reicht auch ein zusätzliches Stück Karton. Dazu eine Auswahl von Sachen, die in diese Koffer gepackt werden sollen. Stellen Sie einen Tag vorher mit den Kindern drei gleiche Einheiten aus mitgebrachten oder aus Bastelmaterial selbst angefertigten Gegenständen zusammen. Beispiele wären: Turnschuhe, Pullover, Sonnencreme, Sandeimer und -schaufel, Schwimmzeug usw. Es sollten so viele Einzelteile sein, dass die Koffer überlegt gepackt werden müssen, damit die Deckel noch zugehen.

Spielverlauf

Die Kinder werden in drei Mannschaften aufgeteilt, die sich mit ihren Koffern der Reihe nach an einem Ende des Raums aufstellen. Die Sachen, die hineingepackt werden sollen, befinden sich in drei Haufen sortiert am anderen Ende des Raums. Beim Kommando „Los!" rennt jeweils der erste Spieler los, sucht sich einen Gegenstand aus, läuft mit ihm zurück zum Koffer und packt ihn ein. Dann stellt er sich am Ende der Reihe an und der zweite Spieler läuft los. Das geht so lange, bis alle Gegenstände in den Koffern verstaut sind und die Deckel darauf gelegt sind. Die erste Mannschaft mit einem vollständig gepackten Koffer und gut schließendem Deckel gewinnt.

Bemerkungen

Es ist sicher hilfreich, das „Kofferpacken" vor dem Spiel etwas zu üben. Wenn der Deckel nicht genau abschließt, müssen die Sachen noch einmal herausgeholt und erneut hineingelegt werden.

Das Zugspiel

Dieses schnelle und aufregende Spiel kann als Einführung zu einem Gespräch über Reisen und andere Kulturen dienen.

Spielmaterial

Kärtchen mit den Namen von Ferienzielen (z. B. Hirschwald-Hotel, Klippenparadies, Spielpalast und Seeblick, s. S. 124).

Spielverlauf

Befestigen Sie die Kärtchen an verschiedenen Stellen im Raum. Die Kinder rücken in der Mitte des Raums ihre Stühle in einer Reihe paarweise aneinander, so werden die Sitzplätze im Zug dargestellt. Während Sie den folgenden kleinen Vers sprechen, winkeln alle ihre Arme an und bewegen sie vor und zurück, um den Zug nachzuahmen. Fangen Sie langsam an und werden Sie allmählich immer schneller: Der Zug erhöht ebenfalls die Geschwindigkeit.

> *Auf den Gleisen rollen wir*
> *Vorwärts, immer schneller.*
> *Wir schaun hinaus und sehen viel*
> *Und kommen rasch ans Urlaubsziel.*

Zum Schluss sagen Sie: „Der Zug hält jetzt an der Station ..." und nennen dabei eins der Ziele auf den Kärtchen. Sofort stehen die Kinder auf und laufen an die richtige Stelle im Raum. Die beiden letzten, die dort ankommen, scheiden aus, stellen sich zu Ihnen und sprechen in der neuen Spielrunde den Text mit. Das Spiel geht so lange weiter, bis ein Kind als Sieger übrig bleibt.

Bemerkungen

Sprechen Sie mit den Kindern darüber, welchen Stellenwert das Reisen bei uns hat. Lassen Sie sie über verschiedene Werte in verschiedenen Kulturen und den nötigen Respekt davor, beispielsweise während einer Urlaubsreise, diskutieren.

Schnappschüsse aus dem Urlaub

Hier müssen die Kinder zusammenarbeiten und ihre Ideen und Arbeitsmittel gemeinsam einsetzen, um zu einem erfolgreichen Ergebnis zu kommen.

Spielmaterial

Kein Material notwendig.

Spielverlauf

Bei diesem Spiel arbeiten die Kinder in den gleichen Gruppen wie im ersten Spiel (s. „Ferien", S. 124). Erklären Sie, dass jede Gruppe eine Szene aus dem Urlaub am gewählten Ort gestalten soll. Das könnte in Form eines gestellten Bildes, einer Pantomime oder einer Dialogszene geschehen. Wenn die Szene „steht", kehren die Gruppen in den Kreis zurück und führen sie den anderen vor.

Bemerkungen

Bei pantomimischen Darstellungen können die anderen Gruppen jeweils zu erraten versuchen, was vorgespielt wird. Vielleicht schließt sich eine Diskussion über Kompromissbereitschaft im Urlaub an, wenn verschiedene Personen unterschiedliche Vorstellungen über ihre Freizeitgestaltung haben.

„Anzieh-Meister"

Dieses Spiel bietet eine unterhaltsame Methode, Fertigkeiten zu fördern, die die Kinder selbständiger machen.

Spielmaterial

Die Jacken oder Schuhe der Mitspieler.

Spielverlauf

Teilen Sie die Klasse in drei Mannschaften ein. Jedes Team setzt sich im Kreis auf den Boden; entweder alle Jacken oder alle Schuhe (verwenden Sie in einem Spiel nicht beides gleichzeitig) kommen in die Mitte des Kreises. Auf Ihr Zeichen hin geht der erste Spieler jeder Gruppe zu den Kleidungsstücken und zieht seine Jacke/seine Schuhe an. Erst, wenn das ordentlich gemacht wurde (die Verschlüsse bei Schuhen müssen richtig zugemacht bzw. zugebunden sein), darf sich der Spieler wieder setzen und der nächste kommt an die Reihe. Die Mannschaft, deren Mitglieder als Erste richtig angezogen sind, gewinnt.

Bemerkungen

Später können Sie das Spiel etwas schwieriger gestalten, indem verschiedene Kleidungsstücke in verschiedenen Spielrunden angezogen werden müssen, also z.B. zuerst die Jacken, und dann, wenn die ganze Mannschaft damit fertig ist, die Schuhe.

Wartenlernen

Warten ist für Kinder meistens eine öde Angelegenheit. Sie langweilen sich bald und werden zappelig. In diesem Spiel sollen ihnen Möglichkeiten zur Selbstbeschäftigung vorgestellt werden.

Spielmaterial

Kein Material notwendig.

Spielverlauf

Erzählen Sie den Kindern vorher nicht, dass es darum geht, ihnen beim Stillstehen zu helfen. Zu Beginn stellen sich alle in einer Reihe auf. Lassen Sie sie so lange stehen, bis Sie merken, dass sie unruhig werden. Dann geben Sie Ihnen die Anweisung, sich im Raum zu verteilen, stehen zu bleiben und die Augen zu schließen. Geben Sie ihnen nun nacheinander verschiedene Denkanstöße, wobei Sie für jedes Thema einige Minuten Zeit lassen sollten.

Das schmackhafteste Essen, das ich mir vorstellen kann.
Das Einmaleins im Kopf durchgehen.
Besonders aufregende Aktivitäten im Urlaub.
Was werde ich alles tun, wenn ich heute nach Hause komme?
Schafe zählen, die durch ein Tor strömen.
Ich wickle das allerschönste Geburtstagsgeschenk aus, das ich mir vorstellen kann.

Danach stellen sich alle im Kreis auf. Berichten Sie, was Ihnen aufgefallen ist, während die Kinder in einer Reihe standen und fragen Sie, zu welchem der vorgeschlagenen Themen den Kindern am meisten eingefallen ist. Könnten sie sich wohl vorstellen, sich mit ähnlichen Gedankenspielen künftige Wartezeiten zu verkürzen?

Bemerkungen

Sammeln Sie weitere Themen, mit denen sich die Kinder beim Warten, z. B. beim Schlangestehen, beschäftigen könnten, so dass ihnen diese Strategie selbstverständlich wird.

In Position, bitte!

Diese unterhaltsame Methode, das Stillstehen zu lernen, können Sie in Ihre Unterrichtsstunden einbauen.

Spielmaterial

Kein Material notwendig, aber eine genügend große Spielfläche.

Spielverlauf

Alle Kinder verteilen sich auf der Spielfläche. Kündigen Sie an, dass Sie immer wieder Positionen ausrufen werden, die die Kinder einnehmen sollen, ohne sich dabei von der Stelle zu rühren. Wer sich trotzdem bewegt, scheidet aus. Hier einige Vorschläge für solche Positionen:

Beim Skifahren.
Auf dem Pferderücken bei einem Rennen.
Beim Balletttanz.
Sprung ins Schwimmbecken.
Beim Ballwerfen.
Beim Autowaschen.

Lassen Sie so lange weiterspielen, bis ein Kind als Sieger übrig bleibt.

Bemerkungen

Sie können diese Aktivität regelmäßig einsetzen, um die Kinder ruhig und aufmerksam werden zu lassen, und sie dabei jedes Mal mit neuen Beispielen unterhalten und überraschen. Andererseits eignet sich das Spiel auch für den Abschluss einer Arbeitsphase, die viel Konzentration erfordert hat.

Ich bin so sauer!

Dieses unterhaltsame Spiel kann für viel Heiterkeit unter den Kindern sorgen.

Spielmaterial

Kein Material notwendig.

Spielverlauf

Die Kinder sitzen im Kreis und sollen den Satz „Ich bin so sauer, ich könnte ..." mit amüsanten und weit hergeholten Beispielen ergänzen. Die Beiträge sollten freiwillig kommen.
Geben Sie ihnen einige Anregungen:

> *Lauter als ein Löwe brüllen!*
> *Riesensprünge machen!*
> *So laut schreien, dass sie mich noch in Australien hören!*
> *Schreien, bis mir die Socken abfallen!*

Erzählen Sie den Kindern, dass Lachen eins der besten Gegenmittel bei Ärger ist. Wenn sie sich in Zukunft einmal sehr ärgern, könnten sie sich an einige dieser lustigen Beispiele erinnern.

Bemerkungen

Dieses Spiel kann als Einführung zum Thema „Umgang mit Wut" dienen.

Selbständig und erwachsen sein

Mit dieser Aktivität lenken Sie die Aufmerksamkeit der Kinder auf den Prozess des Erwachsen- und Selbständigwerdens.

Spielmaterial

Kein Material notwendig.

Spielverlauf

Lassen sie die Kinder über Fertigkeiten nachdenken, die sie als selbständige Erwachsene brauchen werden. Dazu gehören unter anderem: Alleine reisen, mit Geld umgehen, einen Haushalt führen, sich alleine anziehen, sich selbst um Sauberkeit und Körperhygiene kümmern, einkaufen und Essen zubereiten. Sprechen Sie mit ihnen darüber, wie und wo sie diese Dinge lernen, warum sie zum Lernen in der Schule sind und wozu ihnen das dort Gelernte nützt. Fragen Sie die Kinder, wie weit sie ihrer eigenen Einschätzung nach schon auf dem Weg zur Selbständigkeit fortgeschritten sind. Lassen Sie sich erzählen, was für sie die wichtigsten bisher gelernten Fertigkeiten sind und welche sie noch erlernen müssen.

Bemerkungen

Erkundigen Sie sich bei den Kindern danach, was sie am Erwachsensein vorteilhaft und was sie kompliziert finden.

Ich denke über mich selbst nach

Das ist eine Übung zur Selbsteinschätzung, die den Kindern die Möglichkeit bietet, über Bereiche nachzudenken, in denen sie noch besser werden könnten.

Spielmaterial

Für jedes Kind in Ihrer Gruppe einen Fragebogen (s. S. 166) und einen Stift.

Spielverlauf

Jedes Kind bekommt den Fragebogen zum Ausfüllen. Sie sollen dabei so ehrlich wie möglich antworten. Wenn alle fertig sind, setzen sie sich im Kreis zusammen und sprechen über Bereiche, in denen sie sich noch verbessern wollen und wie sie das bewerkstelligen könnten. Kinder, die finden, dass sie dazu Denkanstöße brauchen, können sich an die anderen Mitglieder der Gruppe oder Klasse wenden. Gestalten Sie einen Aushang mit den Zielvorstellungen der Kinder und überprüfen Sie von Zeit zu Zeit, welche Fortschritte sie dabei machen.

Bemerkungen

Beteiligen Sie sich selbst an dieser Aktivität, wenn Sie den Mut dazu haben, und notieren Sie auch ein Verhaltensziel für sich.

Weitere Aktivitäten

Was ein Jungtier lernen muss

Teilen Sie die Kinder in Paare oder kleine Gruppen ein. Jede Gruppe wählt ein Tier aus und untersucht, welche Fertigkeiten ein Jungtier erwerben muss, um selbständig werden zu können.

Wenn ich erwachsen bin

Die Kinder sollen sich einmal vorstellen, wie sie als Erwachsene sein werden. Welchen Beruf werden sie ausüben, wie wird ihr Zuhause aussehen und welche Ziele werden sie sich setzen müssen, um die gewünschte Position zu erreichen.

Schafe und Lämmer

Die Kinder bilden einen weiten Kreis und fassen sich an den Händen. Nun werden fünf Spieler ausgesucht: zwei sind Schafe und bekommen eine Augenbinde, drei sind Lämmer. Schafe und Lämmer verteilen sich innerhalb des Kreises, die im Kreis stehenden Mitspieler verhindern, dass Schafe oder Lämmer aus dem Kreis ausbrechen. Jedes Mal, wenn ein Schaf „blökt", antworten die Lämmer. Ziel des Spiels ist, dass mindestens ein Schaf ein Lamm findet. Wenn das glückt, beginnt eine neue Spielrunde mit ausgewechselten Spielern.

Ich packe meinen Koffer

Dieses Spiel dient zum Gedächtnistraining. Jedes Kind sagt: „Ich packe meinen Koffer und nehme ... mit." Der Spieler, der an der Reihe ist, muss alle vorher genannten Gegenstände wiederholen, bevor er einen neuen hinzufügt. Wer sich nicht mehr genau an alle aufgezählten Dinge erinnern kann, beginnt eine neue Runde.

Urlaubsfotos

Die Kinder dürfen Urlaubsfotos von zu Hause mitbringen und sich diese gegenseitig zeigen. Damit kann auch ein Aushang gestaltet werden.

Miteinander leben

Im letzten Abschnitt geht es darum, zusammenzukommen, zu feiern und die Gesellschaft anderer zu genießen. Das Hauptaugenmerk liegt auf den positiven Seiten des Zusammenseins, auf Spiel und Spaß und dem Herstellen eines guten Gruppengefühls.

Gegenstände verzaubern

Dieses lebhafte Spiel fördert Zusammenarbeit und kreatives Denken.

Spielmaterial

Verschiedene Gegenstände, z. B. eine Pappschachtel, eine Plastikflasche, ein Einwegteller oder eine Stofftüte. Jede Gruppe erhält eins dieser Dinge sowie Papier und Stift.

Spielverlauf

Teilen Sie die Klasse in Fünfer- oder Sechsergruppen. Achten Sie darauf, dass alle Gruppen etwa gleich leistungsstark sind. Erklären Sie ihnen, dass jede Gruppe ihren Gegenstand in so viele verschiedene Dinge „verwandeln" soll wie möglich – beispielsweise könnte eine Schachtel einen Fernseher, einen Hundekorb oder einen Blumen-Übertopf darstellen. Jede Gruppe wählt einen Schreiber, der alle Ideen notiert. Nach etwa fünf Minuten wechseln Sie die Gegenstände durch und zwar so oft, bis jede Gruppe alle Gegenstände bearbeitet hat. Daraufhin setzen sich alle in einen Kreis und berichten von ihren Einfällen.

Bemerkungen

Es ist wichtig, bei dieser Aktivität stärkere und schwächere Kinder zusammenzubringen, damit in jeder Gruppe, falls nötig, Ideengeber sind.

Das Hampelmann-Spiel

In diesem vergnüglichen Spiel müssen sich die Kinder konzentrieren und aufmerksam bleiben.

Spielmaterial

Kein Material notwendig, aber eine genügend große Spielfläche.

Spielverlauf

Ein Kind spielt den Wächter und stellt sich vor einer Wand mit dem Rücken zu den übrigen Spielern auf. Die restlichen Mitspieler sind Hampelmänner und stehen auf der gegenüberliegenden Seite. Während der Wächter wegschaut, dürfen sich die Hampelmänner vorwärts bewegen, aber nur hüpfend. Sobald sich der Wächter umdreht, müssen alle absolut still stehen, wer bei einer Bewegung erwischt wird, muss zurück an den Start. Die Hampelmänner müssen also immer wachsam sein und darauf achten, wann der Wächter anfängt, sich umzudrehen. Der erste Hampelmann, der den Wächter erreicht und ihn berührt, ohne von ihm entdeckt zu werden, ist der Gewimmer der Runde und wird der nächste Wächter.

Bemerkungen

Sie können das Spiel auch mit anderen Fortbewegungsarten spielen lassen, z. B. mit „schleichenden Katzen", „hoppelnden Hasen" oder sich „windenden Würmern".

Ich bin so froh!

Mit diesem Spiel soll in der Gruppe eine Wohlfühl-Atmosphäre entstehen.

Spielmaterial

Kein Material notwendig.

Spielverlauf

Die Kinder sitzen im Kreis. Sie dürfen den Satz „Ich bin so froh, ich könnte ..." mit amüsanten und weit hergeholten Beispielen ergänzen. Ihre Beiträge sollten freiwillig kommen.

Geben Sie ihnen einige Anregungen:

> *Lachen wie eine Hyäne!*
> *Einen Riesen umarmen!*
> *Eine Tarantel küssen!*
> *Bis zum Mond und wieder zurück tanzen!*

Bemerkungen

Lassen Sie die Kinder erzählen, wie man sich fühlt, wenn man so fröhlich ist, und was ihnen besonders Freude macht.

Jagd im Kreis

Das ist ein rasend schnelles Spiel, es soll einfach nur Spaß machen.

Spielmaterial

Kein Material notwendig, aber eine genügend große Spielfläche zum Herumrennen.

Spielverlauf

Teilen Sie die Kinder in zwei gleich große Mannschaften ein. Achten Sie darauf, dass ein Kind, das bei diesem Spiel übrig bleibt, das nächste Mal unbedingt mitspielen kann. Eine der Mannschaften stellt sich in einem großen Kreis auf, das zweite Team bildet einen größeren Außenkreis, so dass die Spieler beider Mannschaften jeweils hintereinander stehen. Zwei Spieler beginnen: Einer, der Jäger (ein Spieler aus dem Außenkreis), jagt den anderen, der abwechselnd aus dem Kreis heraus und wieder hinein läuft. Wenn der gejagte Spieler müde wird, stellt er sich vor ein Kind im inneren Kreis. Auf diese Weise entsteht allmählich ein dritter Kreis; der letzte Spieler, der im Außenkreis übrig bleibt, wird nun selbst zum Jäger. Die Jäger müssen immer wachsam und bereit zum Rollenwechsel bleiben. Wenn ein Jäger einen Mitspieler fängt, lassen Sie eine neue Runde mit zwei anderen Spielern beginnen.

Bemerkungen

Wenn sich die Kinder im Lauf des Spiels vorwärts bewegen und die Kreise immer kleiner werden, stoppen Sie das Spiel während eines Wechsels kurz und richten Sie die Kreise neu aus.

Menschen und Tiere

Diese Aktivität lenkt die Aufmerksamkeit der Kinder auf positive menschliche Eigenschaften.

Spielmaterial

Papier und Stifte.

Spielverlauf

Bilden Sie Fünfer- oder Sechsergruppen; jede Gruppe erhält ein Blatt Papier und einen Stift. Sagen Sie den Gruppen, sie seien Außerirdische, die auf die Erde gekommen seien, um dort alle Lebewesen, auch die Menschen, kennen zu lernen. Die Gruppen sollen nun überlegen, durch welche positiven Eigenschaften die Menschen den Tieren überlegen erscheinen; die Ergebnisse ihrer Überlegungen notiert jeweils ein Gruppenschreiber. Dabei sollen sie besonders das soziale Verhalten von Menschen berücksichtigen. Rufen Sie nach einiger Zeit wieder alle in den Kreis zurück und diskutieren Sie mit ihnen ihre Vorstellungen.

Bemerkungen

Sie können abschließend auch die Frage behandeln, welche tierischen Eigenschaften sich die Menschen am besten aneignen sollten, um „menschlicher" zu werden.

Unsere Klasse (Gruppe)

Diese Aktivität soll ein gutes Gruppengefühl hervorrufen, während nach und nach alle Kinder in die Gruppe „aufgenommen" werden.

Spielmaterial

Kein Material notwendig.

Spielverlauf

Die Kinder stehen in einem weiten Kreis. Eins der Kinder tritt einen Schritt vor, wendet sich zu seinem linken Mitspieler und gibt ihm zu verstehen, er solle auch einen Schritt nach vorn gehen. Beide fassen sich nun an den Händen. Dieser Vorgang wird so lange wiederholt, bis sich alle Kinder an den Händen halten. Auf Ihr Zeichen heben alle die Arme und sprechen im Chor:

> *Zwei, vier, sechs, acht, das hat uns jetzt Spaß gemacht,*
> *drei, fünf, sieben, neun, wir wollen jetzt feiern und uns freuen.*

Bemerkungen

Sprechen Sie mit den Kindern über Aktivitäten, die Menschen verbinden, und lassen Sie sie überlegen, warum sie wichtig und nützlich für Gruppen sein können. Diskutieren Sie auch Beispiele wie die Gesänge von Fußballfans oder das Mitsingen von Liedern durch das Publikum etwa bei Popkonzerten.

Das Würfelspiel

Dieses lebhafte Spiel soll einfach Spaß machen.

Spielmaterial

Ein großer sechsseitiger Würfel mit Punkten.

Spielverlauf

Die Kinder bilden einen großen Kreis, ein Kind kommt in die Mitte. Geben Sie allen Spielern im Kreis Zahlen von eins bis sechs. Der Spieler in der Mitte würfelt und diejenigen, deren Zahl gewürfelt wurde, tauschen die Plätze miteinander. Währenddessen versucht der Würfler, selbst einen der zeitweise unbesetzten Plätze einzunehmen; wenn das gelingt, spielt er dort mit der Zahl von dem Kind weiter, das ausgeschieden ist. Das Kind, das keinen Platz mehr findet, geht in die Mitte und würfelt in der nächsten Spielrunde.

Bemerkungen

Mit einer Variante dieses Spiels können Sie mit jüngeren Kindern einfache Rechenübungen machen: die Kinder erhalten Nummern von Null bis fünf und Sie verwenden zwei Würfel. Die Spieler sollen dann jeweils die kleinere Zahl von der größeren abziehen, um herauszubekommen, welche Zahl im Spiel ist. Wenn Sie nicht mit Null spielen wollen, darf ein Wurf mit zwei gleichen Zahlen nicht gelten.

Wer ist am Ball?

Dieses Spiel bietet Spannung und Unterhaltung.

Spielmaterial

Ein Softball und eine Kassette oder CD mit Musik sowie das entsprechende Abspielgerät.

Spielverlauf

Die Kinder sitzen im Kreis. Während die Musik spielt, wandert der Softball von Spieler zu Spieler. Schalten Sie die Musik überraschend aus. Nun soll der Spieler, der den Ball gerade hält, eine Gemüseart nennen. Das Spiel geht so lange, bis niemandem mehr ein Beispiel einfällt. Natürlich können Sie auch andere Sammelbegriffe wie „Tier" oder „Beruf" verwenden.

Bemerkungen

Sie können die Begriffe auch in alphabetischer Reihenfolge verlangen, dann sollten Sie vorher vereinbaren, dass die schwierigeren Buchstaben übersprungen werden dürfen.

Feste feiern

Diese Aktivität beschäftigt sich mit der Frage, warum Menschen zum Feiern zusammenkommen.

Spielmaterial

Eventuell Veröffentlichungen zum Thema Feste und Festspiele.

Spielverlauf

Untersuchen Sie mit den Kindern Beispiele für Feste und Festspiele – z. B. die kirchlichen Feste, Silvester, den Tag der Arbeit, Mutter- bzw. Elterntag, Europäische Festwochen, Passionsspiele oder regionale Festspiele wie Landshuter Hochzeit, Further Drachenstich usw. und worin die Feierlichkeiten bestehen. Beleuchten Sie besonders die positiven Werte, die ihnen zugrunde liegen. Bilden Sie daraufhin Vierer- oder Fünfergruppen, die die Grundzüge einer Schulfeier zu einem speziellen Anlass planen sollen. Ein solches Fest könnte zum Schuljahresanfang oder -abschluss oder zu einer erdachten Gelegenheit wie etwa Tag der guten Leistungen, Tag des Lehrers, Tag der Schulgemeinschaft oder Tag des Lernens vorbereitet werden. Wann würde diese Feier stattfinden und in welcher Form könnte die Schule feiern? Wenn die Gruppen ihre Planungen beendet haben, kehren sie in den Kreis zurück und stellen ihre Ideen vor.

Bemerkungen

Greifen Sie einen oder mehrere Vorschläge für ein Fest auf, das von den Kindern organisiert und wirklich gefeiert werden kann.

Feste in aller Welt

Die Kinder informieren sich hier, wie die verschiedensten Völker und Kulturen in aller Welt den gleichen Anlass feiern. Als Schwerpunkt eignet sich sehr gut der Jahreswechsel, Sie können mit den Kindern aber auch andere Anlässe untersuchen.

Spielmaterial

Informationsmaterial über Neujahrsfeierlichkeiten früher und heute in verschiedenen Kulturen; außerdem Stifte und Papier für jede Arbeitsgruppe.

Spielverlauf

Sammeln Sie mit den Kindern Informationen zu den verschiedenen Daten und Bräuchen der Feierlichkeiten zum Jahreswechsel bei den verschiedenen Kulturen. Nach der Bearbeitung dieses Themas teilen Sie die Kinder in Vierer- oder Fünfergruppen ein. Erklären Sie ihnen, dass es eine neue Feierlichkeit geben soll: den Welttag. Die Gruppen sollen darüber nachdenken, warum, wann und wie dieser Tag gefeiert werden könnte. Nach Beendigung der Gruppenarbeit kehren alle in den Kreis zurück und die Gruppensprecher stellen ihre Ergebnisse vor.

Bemerkungen

Setzen Sie die Gruppen so weit auseinander, dass keine die Ideen der anderen mithören und übernehmen kann. Der Spaß am Schluss besteht darin, ganz unterschiedliche Ansätze miteinander zu vergleichen.

Wir feiern ein Fest!

Für die Kinder bietet sich hier die Gelegenheit, das Miteinander zu genießen und in der Klassen- oder Gruppengemeinschaft zu feiern.

Spielmaterial

Utensilien, die für Partyspiele benötigt werden; Plastikbecher und Getränke und, wenn Sie wollen, selbst hergestellte „Glückskuchen": kaufen oder backen Sie Biskuit in Papierförmchen und stecken Sie Papierstreifen mit „Glücksbotschaften" hinein. Z. B.: „Du wirst viele gute Freunde haben."; „Du wirst im Leben sehr glücklich werden."; „Du wirst viele wunderschöne Ferien genießen." oder „Du wirst immer viel zu lachen haben.".

Spielverlauf

Wählen Sie einen Zeitpunkt, an dem die Klasse/Gruppe wirklich gut zusammenarbeitet und organisieren Sie zur Belohnung eine Partystunde, in der gespielt, gegessen und getrunken wird. Bringen Sie dabei den Kindern die Erkenntnis nahe, dass es das Beste am Leben ist, mit den anderen gut auszukommen und miteinander gute Erfolge zu erarbeiten.

Bemerkungen

Bei dieser Gelegenheit können etwas unerfahrene Kinder Fertigkeiten wie Getränke ausschenken oder Kuchen ausgeben üben.

Weitere Aktivitäten

Spielstunden

Stellen Sie dazu den Kindern eine Auswahl von Brett- und Kartenspielen zur Verfügung, die für besondere Gelegenheiten reserviert sind. Ermutigen Sie die Spieler dabei, öfter die Spielpartner und das Spiel zu wechseln.

Ein Motto für alle

Regen Sie die Kinder dazu an, einen passenden Leitsatz für die Klasse oder Gruppe zu suchen. Er sollte angeben, welche Ideale gemeinsam angestrebt werden. Das Motto kann in großen Buchstaben auf ein Plakat geschrieben und über der Tür aufgehängt werden.

Schwungtuch-Spiele

Halten Sie mit den Kindern eine Stunde mit Schwungtuchspielen ab, bei denen es besonders um Zusammenarbeit geht. Anregungen dazu gibt Ihnen unser Buch *Mit dem Schwungtuch Wellen schlagen. Spiele zur Förderung der Teamfähigkeit in der Grundschule.* Persen-Verlag, 2004.

Klassenzeitung (Gruppenzeitung)

Produzieren Sie mit den Kindern gegen Ende des Schuljahres oder der Gruppenstunden eine Zeitung, die gelungene Arbeiten und andere gute Leistungen, Meinungen der Kinder und Neuigkeiten aus der Klasse oder Gruppe enthält.

Kopiervorlagen

Viele von den Kopiervorlagen können mehr als einmal verwendet werden. Dazu werden sie idealerweise auf dünnes Kartonpapier kopiert.

Signalkarten

153

Pantomime

Schuhe putzen	Wäsche aufhängen
Holz sägen	Tee zubereiten
An die Tafel schreiben	Einen Hund bürsten
Einer Katze Futter geben	Einen Nagel einschlagen
Ein belegtes Brot herrichten	Ein Bild malen
Rasen mähen	Eine Sandburg bauen
Bei der Polizei anrufen	Ein Baby wickeln
Einkaufen	Ein Pferd satteln
Kartoffeln ausgraben	Eis essen
Staubsaugen	Jemanden, der wütend ist, beruhigen
Eine Seilbrücke überqueren	Einen Hund ausführen
Duschen	Skateboard fahren
Einen Berg besteigen	Ein Toast im Toaster bräunen
Kleidung an der Garderobe aufhängen	Im Aufzug nach oben fahren
Tennis spielen	In einen Bus einsteigen

Formenkarten

Reizwort-Geschichte

Reizwörter

Benji: zweimal klatschen

Palast: aufstehen und sich wieder hinsetzen

Affe(n): sich dreimal auf die Knie klopfen

Schwanz: aufstehen, sich umdrehen und sich wieder hinsetzen

Geschichte(n): sich um zwei Plätze nach rechts versetzen.

Indien ist ein sehr schönes Land; dort gibt es so manchen Tempel und Palast. Diese **Geschichte** spielt in einem verfallenen **Palast**, der von einer großen Horde lärmender **Affen** bewohnt war. Diese besondere Gattung **Affen** war für ihren langen, buschigen **Schwanz** bekannt. Den ganzen Tag über dösten die **Affen** im **Palast** vor sich hin und jeder pflegte und betrachtete immer wieder seinen wunderschönen **Schwanz**. Jeder jüngere **Affe** träumte von dem Tag, an dem sein **Schwanz** genauso buschig sein würde wie der **Schwanz** eines ausgewachsenen **Affen**. Einer der jungen **Affen** hieß **Benji**. Er amüsierte die anderen jungen **Affen** mit selbst erfundenen spannenden **Geschichten**. **Benji** war so ein guter Geschichtenerzähler, dass sogar **Affen** von anderen Horden zum **Palast** kamen, um sich seine **Geschichten** anzuhören.

Wenn ein **Affe** größer wurde, wuchs auch sein **Schwanz**, nur der **Schwanz** von **Benji** leider nicht! Sein **Schwanz** blieb kurz und pfeilgerade. Die anderen **Affen** bemerkten das natürlich und fingen an, hinter **Benjis** Rücken zu tuscheln. Nach einiger Zeit machten sie sich offen über ihn lustig: „Schaut euch doch mal **Benji** an!", kreischten sie. „Er hat einen **Schwanz** wie ein Hund!" Bald nannten ihn alle **Affen** „Wuffi" und zeigten mit den Fingern auf **Benji**. Armer **Benji**! Ihr grausamer Spott machte ihn ganz traurig. Irgendwann hielt es **Benji** nicht mehr aus: eines Nachts schlich er aus dem **Palast** und suchte sich ein Versteck, in dem er in Ruhe leben konnte.

Zuerst merkten die anderen **Affen** gar nicht, dass **Benji** verschwunden war, aber mit der Zeit vermissten sie seine schönen **Geschichten** und fragten einander, wohin **Benji** denn gegangen sein könnte. Natürlich wusste kein **Affe**, wo er war. Aber nahe am **Palast** lebte auf einem Baum ein weiser alter Uhu, der über alles, was passierte, Bescheid wusste. Dieser Uhu erzählte den **Affen**, dass sie **Benji** durch ihre böswilligen Bemerkungen über seinen **Schwanz** vertrieben hatten und dass er sich vor ihnen versteckt hatte. Die **Affen** schämten sich über ihr unfreundliches Benehmen und fingen sofort an, **Benji** zu suchen. Schließlich fanden sie ihn auch und baten ihn um Entschuldigung. Als **Benji** sah, wie Leid es den **Affen** tat, kehrte er mit ihnen zum **Palast** zurück und erfreute sie wieder mit seinen unterhaltsamen **Geschichten**.

Faktenkarten

Die Ureinwohner Australiens leben dort seit etwa 20 000 Jahren. Sie lebten sehr lange Zeit wie Steinzeitmenschen und jagten Wild mit Speeren. Als die Europäer nach Australien kamen, verdrängten sie die ursprünglichen Bewohner immer mehr.	Nattern sind giftige Schlangen. Sie leben an sandigen Orten. Sie fressen Eidechsen, Mäuse und Wühlmäuse. Männliche Tiere sind gelb, braun oder silberfarben, weibliche Tiere rotbraun bis gelb. Der Nachwuchs bei den Nattern schlüpft im September.
Wo lebten die Ureinwohner, von denen hier berichtet wird? *Leben sie dort seit 10 000, 20 000 oder 30 000 Jahren?* *Was verwendeten sie zum Jagen?*	*Wo leben Nattern?* *Welche Färbung haben weibliche Tiere?* *Wann kommen junge Nattern zur Welt?*
Ameisen sind Insekten und haben sechs Beine. Normalerweise leben sie unter der Erde. Sie sind sehr stark und können ein Vielfaches ihres Körpergewichts tragen. Ameisen sind äußerst angriffslustig. Bei einigen Arten gibt es spezielle Kampftrupps, die andere Ameisenbauten angreifen, und bestimmte Arten halten andere Insekten als Sklaven.	Chamäleons sind Echsen, die auf Bäumen leben. Mit ihren langen Zungen fangen sie Insekten. Sie können ihre langen Schwänze dazu benutzen, sich an Ästen festzuhalten. Sie können ihre Farben so verändern, dass sie immer an ihre Umgebung angepasst sind. Ihre Augen können sie in alle Richtungen verdrehen.
Haben Ameisen vier, sechs oder acht Beine? *Wo leben Ameisen?* *Wozu haben manche Arten Kampftrupps?*	*Was fressen Chamäleons?* *Was ist an ihren Augen Besonderes?* *Wo leben sie?*
Charles I. wurde 1625 König von England. Er regierte dort 24 Jahre lang. Mit dem Parlament bekam er Streit und beide Seiten bekämpften einander. Die Anhänger des Königs hießen „Kavaliere" und die Soldaten des Parlaments „Rundköpfe". Charles wurde schließlich besiegt und enthauptet.	Kometen bestehen aus Eis und Staub. Es gibt Millionen von Kometen, die um die Sonne kreisen. Die Hitze der Sonne verwandelt Teile der Kometen in Gas, was für uns wie ein Kometenschweif aussieht. Der Halleysche Komet, der seinen Namen 1682 bekam, ist wohl der bekannteste Komet.
Charles I. war um 1800 König. Richtig oder falsch? *Wie hießen die Anhänger des Königs?* *Wie starb Charles I.?*	*Was macht die Sonnenhitze mit den Kometen?* *Woraus bestehen Kometen?* *Welcher Komet ist der bekannteste?*
Der Kuckuck ist ein Vogel, der seine Eier in die Nester anderer Vogelarten legt. Das Kuckucksjunge schlüpft vor allen anderen aus dem Ei und stößt die restlichen Eier aus dem Nest. Nach drei Wochen ist der kleine Kuckuck fünfzigmal so schwer wie bei seiner Geburt. Den Winter verbringt der Kuckuck in Afrika.	Der Dreißigjährige Krieg fand im 17. Jahrhundert statt. Der Auslöser waren Streitigkeiten zwischen Katholiken und Protestanten. Besonders Deutschland hatte unter dem Krieg viel zu leiden: am Ende war etwa ein Drittel der Bevölkerung tot, ganze Landstriche waren verwüstet und zahlreiche Städte und Burgen zerstört.
Wohin legt der Kuckuck seine Eier? *Was macht das Kuckucksjunge mit den anderen Eiern im Nest?* *Wo verbringt der Kuckuck den Winter?*	*Fand der Dreißigjährige Krieg im 17., 18. oder 19. Jahrhundert statt?* *Wer löste durch Streitigkeiten diesen Krieg aus?* *Wie viele Menschen wurden dabei getötet?*

Themenkarten

Was ist deine Lieblingsspeise?	Wenn du 1000 € bekämst, wofür würdest du sie dann ausgeben?
Erzähle etwas über eine Popgruppe, die du gerne hörst.	Sprich über eins deiner Hobbys.
Welches Buch gefällt dir ganz besonders gut?	Welcher Film hat dir gut gefallen?
Wohin ging die Urlaubsreise, die dir bisher am besten gefallen hat?	Welches Mannschaftsspiel gefällt dir richtig gut?
Was gefällt dir am meisten an der Schule?	Welche Obstsorten magst du gern?
Wie würdest du dich selbst beschreiben?	Erzähle etwas über dein Lieblingslied.
Welchen Ort würdest du gerne besichtigen?	Was würdest du gern gut können?
Welche Person würdest du am liebsten treffen?	Wie würde dein allerschönster Tag aussehen?
Welches Tier magst du am liebsten?	Welche Kleidung trägst du gern?
Welche Persönlichkeit in der Geschichte bewunderst du am meisten?	Erzähle etwas über einen Filmstar, den du gern magst.
Erzähle etwas über eine Fernsehsendung, die dir gefällt.	Welche ist deine liebste Jahreszeit, und warum?
Was trinkst du am liebsten?	Was würdest du dir am liebsten kaufen?

Quizkärtchen

Fragen	Punkte	
	Team 1	Team 2
Wie viel ist 7 x 4?		
In welchem Land liegt Paris?		
Wer waren die Brüder Grimm?		
Ist ein Krokodil ein Reptil oder ein Säugetier?		
Wer ist 007?		
Was ist ein Zaunkönig?		
Wie spät ist es, wenn es 19.00 Uhr ist?		
Wer ist der Präsident der Vereinigten Staaten von Amerika?		
Wie heißt „Hund" auf Englisch?		
Wie heißt unser Bundeskanzler?		
Wer hat die Pippi-Langstrumpf-Bücher geschrieben?		
Welche Lebewesen findest du in einem Horst?		
Womit spielt man Golf?		
Wie nennt man junge Wildschweine?		
In welchem Kontinent liegt New York?		
Was liegt nördlicher, Hamburg oder Berlin?		
Wer war Tarzan?		
Welche Färbung hat ein Pandabär?		
Wie viel ist 24 – 7?		
Von welchem Land war Kleopatra die Königin?		
Wofür ist Robbie Williams bekannt?		
Was ist eine Eiche?		
Welches ist das größte Landtier?		
Was ist ein Diamant?		
Wie viele Fliegen tötet das Schneiderlein auf einen Streich?		
Was ist Brokkoli?		
Lebt ein Pinguin in heißen oder in kalten Gegenden?		
Was ist eine „Sackgasse"?		
Wie viele Beine hat eine Spinne?		
Worüber streiten der Kuckuck und der Esel?		
Wer war Robin Hood?		
Ist Marmelade süß oder sauer?		
Wozu braucht man einen Fallschirm?		
Wie heißt unser Bundespräsident?		

Sammelbegriff-Kärtchen

Haustiere	Popstars oder -gruppen	Märchenfiguren
Vögel	Säugetiere	Kleidungsstücke
Wetter	Bücher	Filme
Gemüse	Fernsehsendungen	Länder
Filmstars	Zeichentrickfiguren	Farben
Nachspeisen	Verwandte	Süßigkeiten
Werkzeug	Jahrmarktkarussells	Verkehr
Historische Gestalten	Sportarten	Bäume
Berufe	Spielzeug	Lieder
Möbel	Gebäude	Fahrzeuge

Gegensatz-Kärtchen

heiß	kalt	dick	dünn	groß	klein
hinauf	hinunter	unter	über	drinnen	draußen
nass	trocken	fröhlich	traurig	gut	schlecht
stark	schwach	krank	gesund	schwarz	weiß
hoch	niedrig	sonnig	regnerisch	an	aus
rau	glatt	reich	arm	schön	hässlich
gerade	krumm	schnell	langsam	lang	kurz
mutig	feige	schlau	dumm	neu	alt

Formenblatt

Geschäfte und ihre Waren

Ein Zeitungskiosk: Du verkaufst Zeitungen und Zeitschriften.

Ein Obstgeschäft: Du verkaufst Obst und Gemüse.

Eine Apotheke: Du verkaufst Arzneimittel und Verbandsmaterial.

Eine Bäckerei: Du verkaufst Brot und süßes Gebäck.

Ein Spielzeugladen: Du verkaufst Spielzeug.

Ein Schuhgeschäft: Du verkaufst Schuhe und Socken.

Ein Papiergeschäft: Du verkaufst Schreibpapier und Geschenkpapier.

Ein Geschenkladen: Du verkaufst ausgefallene Dinge, z. B. zur Dekoration.

Ein Schmuckgeschäft: Du verkaufst Schmuck und Armbanduhren.

Ein Fischgeschäft: Du verkaufst frischen Fisch und Meeresfrüchte.

Ein Fahrradgeschäft: Du verkaufst Fahrräder und Zubehör, z. B. Helme.

Ein Baumarkt: Du verkaufst Werkzeug, Farbe und Tapeten.

Ein Geschäft für Zeichenbedarf: Du verkaufst Malsachen, Bastelsachen und Papier.

Ein Supermarkt: Du verkaufst Lebensmittel.

Ein Zoomarkt: Du verkaufst Kleintiere und Tierfutter.

Ein Buchladen: Du verkaufst Bücher und Comic-Hefte.

Ein Möbelgeschäft: Du verkaufst Wohnmöbel.

Trio-Karten

Du bist ein Filmstar.	Du bist ein Außerirdischer.
Du spielst gern andere Rollen.	Du lebst auf dem Planeten Stella X.
Die Leute gehen ins Kino, um dich zu sehen.	Du bist kein Erdenbewohner.
Du bist ein Hund.	Du bist ein saftiger roter Apfel.
Du jagst gern Katzen.	Du wächst auf einem Baum.
Du wirst an der Leine spazieren geführt.	Du bist ein gesundes Nahrungsmittel.
Du bist ein Buch.	Du bist ein Bett.
In dir kann man lesen.	Man kann auf dir schlafen.
Du bist voller Geschichten.	Du bist weich und behaglich.
Du bist eine Halskette.	Du bist ein Würstchen.
Man kann dich um den Hals legen.	Du wirst gekocht, gebraten oder gegrillt.
Du bestehst aus Gold oder Silber und Edelsteinen.	Du wirst aus Fleisch gemacht.
Du bist ein Auto.	Du bist eine Schere.
Man kann mit dir fahren.	Du zerschneidest Sachen.
Du hast vier Räder und einen Motor.	Du hast Griffe für die Finger und zwei Klingen.
Du bist ein Paar Stiefel.	Du bist ein Nusshörnchen.
Du hältst die Füße trocken.	Du bist halbrund und süß.
Man trägt dich, wenn es regnet.	Du wirst von einem Bäcker hergestellt.

Fragebogen

Kreuze die zutreffende Antwort an:

	Kann ich noch nicht so gut	Kann ich einigermaßen	Kann ich gut
Einen Erwachsenen um etwas bitten			
Vor mehreren oder vielen Zuhörern sprechen			
Bei Spielen mitmachen			
Bei Diskussionen mitreden			
Die Meinungen anderer Leute gelten lassen			
Mich selbst beschäftigen			
Gut zuhören			
Freundschaften schließen			
Stillsitzen			
Abwarten, bis ich an der Reihe bin			
Etwas Neues ausprobieren			
Anderen etwas Nettes sagen			
Mit Leuten reden, die ich nicht kenne			
Mich konzentrieren			
Selbständig Dinge erledigen			
Anderen zeigen, dass ich sie mag			
Wissen, wann ich ruhig sein sollte			
Geduldig sein			
Mich gut benehmen			
Dinge tun, die gut für mich sind			
Nach Misserfolgen wieder Mut fassen			
Etwas immer wieder neu versuchen			
Unter Druck ruhig bleiben			
Die guten Seiten einer Sache sehen			
Zuversichtlich sein			

Wie fahrn wir um die Welt?

Melodie: mündlich überliefert